"十三五"职业教育部委级规划教材

U0742700

毛织服装跟单实务

张延辉　主编

邓军文　邹铮毅　副主编

中国纺织出版社有限公司

内 容 提 要

本书以毛织服装跟单业务流程为主线，展开跟单各知识点的学习。内容包括毛织服装跟单概述，毛织服装所用主料、辅料跟单，毛织服装生产流程跟单、后整理跟单，毛织服装质量检验，毛织服装包装及运输跟单内容。书中配有毛织服装跟单员在实际工作中常使用到的图表及案例，使学习者能快速掌握毛织服装跟单技巧。

本书可作为毛织服装专业跟单管理课程教材，也可以供毛织服装企业跟单人员、质检人员、毛纱及辅料采购人员参考阅读。

图书在版编目（CIP）数据

毛织服装跟单实务 / 张延辉主编；邓军文，邹铮毅副主编 . -- 北京：中国纺织出版社有限公司，2021.10

"十三五"职业教育部委级规划教材

ISBN 978-7-5180-8923-9

Ⅰ . ①毛… Ⅱ . ①张…②邓…③邹… Ⅲ . ①毛织物—服装工业—生产管理—高等职业教育—教材②毛织物—服装企业—销售管理—高等职业教育—教材 Ⅳ .
① F407.8

中国版本图书馆 CIP 数据核字（2021）第 194125 号

责任编辑：宗 静 特约编辑：胡 蓉
责任校对：寇晨晨 责任印制：王艳丽

中国纺织出版社有限公司出版发行
地址：北京市朝阳区百子湾东里A407号楼 邮政编码：100124
销售电话：010—67004422 传真：010—87155801
http://www.c-textilep.com
中国纺织出版社天猫旗舰店
官方微博http://weibo.com/2119887771
三河市宏盛印务有限公司印刷 各地新华书店经销
2021年10月第1版第1次印刷
开本：787×1092 1/16 印张：6.75
字数：136千字 定价：59.80元

"十三五"职业教育部委级规划教材毛织服装系列
编写委员会

（排名不分先后）

总　　编　　江学斌

副 总 编　　刘　亮　　邓军文

编委成员　　江学斌　　刘　亮　　邓军文　　邹铮毅　　刘莎妮娅

张延辉　　林　岚　　汪启东　　王娅兰　　黄娘生

庄梦辉　　李思慧

前言

为适应毛织产业发展和专业人才培养的需要，根据高等院校纺织服装类"十三五"部委级规划教材编写精神，编写全套高职高专和中职使用的毛织服装教材，该套教材涵盖了毛织服装专业教学的全方位内容，填补了全国毛织服装专业系列教材的空白。可有效解决高职高专开设毛织服装专业遭遇无教材的困境问题。

本系列教材分别是《毛织服装概论》《毛织服装设计入门与拓展》《毛织服装编织工艺实务》《毛织服装电脑横机制板》《毛织服装缝制与后整工艺实务》《毛织服装跟单实务》，共六本新编教材。

本书的内容系统全面、浅显实用，在教材的编写过程中，编写者深入毛织服装企业进行调研，力争教材内容更加贴近企业的实际，使教材的内容实用性更强、涵盖面更广。由于毛织服装跟单工作融合管理知识和专业知识，在指导企业实际生产中有重要的作用，所以教材在编写中，紧紧围绕毛织服装订单的生产主线展开，阐述了毛针织企业在进行加工贸易过程中的订单管理理论、订单管理方法和订单跟进技巧。本教材力求贴近于实际工作情景，力争让学习者能掌握企业订单运作的每一个环节所需要的跟单知识。通过对具体工作案例的分析讲解，使学习者迅速掌握毛织服装跟单的知识和必备的实践工作技能。

本书概括毛织服装生产中实际跟单过程编写，以跟单员的日常工作任务为导向，每一个教学内容都是针对跟单岗位的实际需求，分步阐述相关的知识。教材中提供相关的表格，以便跟单从业人员更快地了解跟单的实际工作。

本书由张延辉担任主编，邓军文、邹铮毅担任副主编。在教材的编写过程中，编者参阅了大量国内外相关书籍以及资料、行业规范等，同时也得到了本校校企的大力支持。在此，对有关参编人员、老师、行业专家表示衷心的感谢。

由于编者水平所限，专业水平和实践经验不足，书中难免有疏漏之处，恳请广大读者批评指正。

编者

2019年10月

教学内容及课时安排

章/课时	课程性质/课时	节	课程内容
第一章 （12课时）	基础理论（12课时）		● 毛织服装跟单概述
		一	跟单概述
		二	毛织服装跟单工作的内容与职责
		三	毛织服装订单洽谈与评审
第二章 （12课时）	跟单管理与实践应用 （44课时）		● 毛织服装所用主料、辅料跟单
		一	毛织服装用主料
		二	毛织服装主料跟单
		三	毛织服装辅料跟单
第三章 （16课时）			● 毛织服装生产流程跟单、后整理跟单
		一	毛织服装工艺制订
		二	毛织服装后整理跟单
		三	毛织服装染色
		四	毛织服装防起球、防缩处理
第四章 （8课时）			● 毛织服装质量检验
		一	毛织服装质量安全与技术要求
		二	毛织服装疵点及检验
第五章 （8课时）			● 毛织服装包装及运输跟单
		一	毛织服装包装类别及运输标志
		二	包装及装箱跟单
		三	货物运输跟单

注　各院校可根据自身的教学特色和教学计划对课时数进行调整。

目录

第一章　毛织服装跟单概述 ···002

　第一节　跟单概述 ···002

　第二节　毛织服装跟单工作的内容与职责 ···········003

　第三节　毛织服装订单洽谈与评审 ·····················005

　　　　思考与练习 ···008

第二章　毛织服装所用主料、辅料跟单 ···········010

　第一节　毛织服装用主料 ·····································010

　第二节　毛织服装主料跟单 ·································019

　第三节　毛织服装辅料跟单 ·································024

　　　　思考与练习 ···032

第三章　毛织服装生产流程跟单、后整理跟单 ···034

　第一节　毛织服装工艺制订 ·································034

　第二节　毛织服装后整理跟单 ·····························035

　第三节　毛织服装染色 ···038

　第四节　毛织服装防起球、防缩处理 ···············041

　　　　思考与练习 ···043

第四章　毛织服装质量检验 ·································046

　第一节　毛织服装质量安全与技术要求 ···········046

　第二节　毛织服装疵点及检验 ·····························066

　　　　思考与练习 ···070

第五章　毛织服装包装及运输跟单 ···················072

　第一节　毛织服装包装类别及运输标志 ···········072

第二节　包装及装箱跟单 ··· 075

第三节　货物运输跟单 ·· 081

　　思考与练习 ··· 084

参考文献 ·· 085

附录 ··· 087

附录一　企业样板制造通知单（初板） ·· 087

附录二　企业样板制造通知单（影像板+化验板）···························· 089

附录三　企业样板生产单 ··· 092

附录四　毛织服装各部位名称专业用语、广东方言及英文对照表 ·········· 094

附录五　毛织服装纱线与辅料专业用语和英文对照表 ······················ 096

附录六　毛织服装生产工艺专业用语、广东方言、英文对照 ················ 097

附录七　纺织品检验标准机构对照表 ··· 098

基础理论——

毛织服装跟单概述

课题名称： 毛织服装跟单概述

课题内容： 跟单概述

　　　　　　毛织服装跟单工作的内容与职责

　　　　　　毛织服装订单洽谈与评审

课题时间： 12课时

教学目的： 了解毛织服装跟单工作的特点、含义、种类。熟悉毛织服装跟单工作的流程、掌握毛织服装跟单员的主要工作内容以及所具备的职责，使初学者对毛织服装跟单有初步了解。

教学方式： 以理论授课为主，结合案例教学并进行讨论。

教学要求： 1. 掌握毛织服装跟单的含义及特点。

　　　　　　2. 熟悉毛织服装跟单的工作流程、内容及工作职责。

　　　　　　3. 了解毛织服装跟单工作的种类。

第一章 毛织服装跟单概述

随着服装制造加工业专业化分工更加细化，毛织服装企业跟单工作的核心职能转化为毛织服装生产全过程的控制和客户的服务。跟单工作贯穿整个毛织服装的生产加工制造过程，从事跟单工作的人员即跟单员在产品加工的每个环节都应该跟进产品的质量和生产进度，才能最终保证产品顺利交付给客户。

第一节 跟单概述

一、跟单的意义

"跟单"顾名思义即是跟进生产订单。在各个行业均有不同的跟单形式，但跟进的方法及细节有所差别。跟单工作是企业经营管理的核心业务，它是企业生产环节、产品贸易运作过程的基础控制手段。企业跟单部门的人员管理水平和能力决定了企业能否按计划开展生产任务，由于跟单员角色的重要性，在现代化的企业经营运作中，跟单工作越来越受到企业的重视。

毛织服装跟单即跟进毛织服装所用的主料、辅料及生产全过程的订单运作，在具体的运作过程中，如何把握各工序质量以及交付期限，是跟单工作的重要内容。跟单的最终目的就是保证客户订单的正常运作和顺利完成。

生产订单是企业生存发展的决定因素，订单充足，企业得以正常经营；订单缺乏，企业将面临生存危机。跟进订单正常顺利生产，就是把订单变为现实的工作内容，因此，要顺利并出色地完成任务，需要跟单员具备较高的能力素质，并且还要具备细心、耐心、强大的毅力和勇气，所以说跟单是一项极具挑战性的工作。

二、毛织服装跟单员的工作分类

由于现代制造业专业化分工日益细化，产品的流水化生产特性凸显，这就使得跟单员的工作涉及企业生产的每一个环节。从物料管理、生产、销售到财务等都会有跟单员的身影。跟单员充当了企业与市场、业务员以及客户之间联系的纽带，在一定意义上，跟单员也是企业的形象代表和企业文化的宣传人员，因此跟单员所扮演的角色丰富多彩，其任务也多种多样。

在毛织服装行业里，跟单员可以分为两大类：

1. 贸易公司或企业营销员的跟单工作

此岗位跟单员的工作内容主要侧重于寻找客户、与客户沟通、磋商与签订生产合同、接洽订单，还需要做一些企业内部管理工作和各个部门、生产工厂之间的协调工作，其工作的最终目的是确保产品质量、数量及交货期，顺利把产品交付给客户。

2. 制造生产中各岗位具体操作的跟单员

产品生产加工各环节中的跟单员，会根据其能力及综合素质的不同分为助理跟单员、中级跟单员、高级跟单员，他们的工作侧重点各有不同。

助理跟单员的工作职责是跟踪整个订单中的一部分工作。例如，在企业接单后，助理跟单员只负责跟进样衣❶的制作，从制订样衣生产计划到配备样衣所用的毛纱❷、制板❸等所有与样衣生产有关的跟单业务。

中级跟单员的工作职责要求能够从跟踪样衣生产、订单生产排期管理、毛纱采购、生产产能预估、产品质量跟踪、产品洗水及后整理、包装管理、运输发货方式安排等全部环节的工作。

高级跟单员要具有领导协调能力，有清晰的头脑，具备对大局形势的判断力，要有丰富的专业知识、贸易知识、外语能力、生产管理知识，关键是要有丰富的实际工作经验，对生产中的问题能及时汇总并快速解决，对业务要能准确把握，做到不疏忽、不越权，准时、高质量地完成跟单任务。

第二节　毛织服装跟单工作的内容与职责

跟单员的工作是围绕着"订单"开展的，所以跟单员的第一项工作就是跟订单；第二项工作是按照订单的要求制订跟进计划；第三项工作是在每个生产环节跟进产品的质量，只有控制好各加工生产环节的质量，最终产品的质量才能得以保证；第四项工作是跟进产能，在保证质量的同时，改进生产方法，提高生产效率，缩短订单的生产时间，以利于大幅提高企业的盈利能力；第五项工作就是跟踪、监督和协调各个部门的工作，准确传达相关信息和生产改进的要求。

根据客户订单毛织服装的数量和要求，跟单员需要跟进的订单可以大致分为样板订单和大货❹生产订单。毛织服装企业的样板包括初板❺、开会板❻、影像板❼、化验板❽等，大货生产订单需要根据详细的生产制造单来进行质量跟进。

---

❶ 样衣：按客户要求制作并经客户确认的样品，或是企业自主设计试制的新款样品，供客户选样订购。样衣是设计、制板和制作相互配合、反复修改、不断完善的集体劳动成果。

❷ 毛纱：是主要用于手工编织或机器编织用的线材，企业常用的有纯毛、混纺和化纤三种。

❸ 制板：依据设计的款式效果图及产品风格效果，按照毛织服装编织生产原理而进行的样衣制作。

❹ 大货：是客户下单到工厂的订单总量，指批量生产的产品。

❺ 初板：依据设计款式效果图及产品风格效果，制作出的第一件成品。

❻ 开会板：生产管理团队对初板进行品质及细节的核对，用于指导大货生产。

❼ 影像板：用于产品册的拍照宣传，一般是企业自主设计的新品展示。

❽ 化验板：外贸出口加工型企业将成品送检，生成产品质量检测报告，便于顺利出货。

一、毛织服装跟单员的工作内容

企业在接到客户订单后，负责生产部门的主管领导需要对订单进行评审，进一步确认客户订单所需要的内容是否能够得到执行与运作。跟单部门再尽快确定款式、数量后，收集、核实并整理好订单所用的毛纱、加工和技术等方面的信息，并根据资料做出完整、正确的样板通知单，在与生产部门沟通后，下发给生产部进行试制样板。跟单员往往会同时跟进多个款式，所以企业内部要使用统一的板单模板，并做好相应的跟进安排。

1. 制订跟进计划

跟进计划应该按照生产的排期来制订。跟单资料应该送至产品设计研发部门、面辅料采购部门、生产加工车间，并且在生产时间的安排上，根据各部门主管的安排来统一协调。这个计划要详细规定实际工作中的每一个环节的完成时间，并且要让各部门的主管意识到该计划的重要性与权威性。跟进计划制订完成后，跟单员要经常到各部门监督计划的执行情况及进展，发现问题时要第一时间解决，目的是保障原计划顺利进行，并且将突发情况进行部门之间的通报。

2. 跟进产品质量

满足客户质量需求是企业生产的根本原则，不同客户对产品的质量有不同的要求，同样的产品内销单与外销单质量要求也不同。跟单员在跟客户确定产品质量要求后，所做的工作就是尽可能提高产品的质量。产品质量从订单生产开始直到结束，始终贯穿整个过程，由于跟单员对客户的要求最清楚，在进行生产过程品质监控中，发现不符合订单要求的问题要第一时间指出来，便于生产部门及时更正生产工艺。

3. 跟进产能、产量

产量指产品的生产数量，在跟单工作中是一个非常重要的指标。产量反映了订单的进度状态，是跟单人员最为关心的指标，产量能够反映出订单是否能够如期完成并交付的状况，是生产计划是否正常进行的数字表现，也是跟单员进一步跟进订单的依据。企业在签订生产合同后，产品的交货期也就确定了，跟单员要根据客户的订单产量，评估生产的产能，如果产能不达标，就会影响交货期，造成违约，从而影响企业的信誉。跟单员要对生产部门的整体生产能力清楚了解，才能做到对自己负责订单当前的生产数量随时掌握。

4. 监督并协调各部门工作

跟单员在跟踪订单生产的过程中，与企业的各部门都有工作联系，这就要求跟单员要具备一线生产的经验，了解第一手资料，发挥自己的工作优势。同时，能跟各部门积极沟通，及时解决矛盾冲突，这就要求跟单员要具有较强的工作协调能力。

二、毛织服装跟单员的素质与职责

由于跟单员工作的特性是跟进整个生产环节，所以跟单工作不仅要处理大量的信息，还要与各部门的不同人员打交道，工作比较复杂烦琐，这就需要跟单员具备良好的心态和较强的抗压能力，以及强烈的责任感和心理素质。

1. 毛织服装跟单员应具备的职业素质

（1）具备毛织服装的专业知识能力。跟单员必须要具备专业知识及综合运用的技能，熟悉毛织服装生产设备及各工序操作工艺要求，熟悉毛纱的品质、价格、特性、制成成衣后的特点、工艺质量要求等，能为客户提供专业的参考意见。

（2）具备品质管理监控技能。跟单员要清楚毛织服装的成型工艺、绣花、印花、洗水等常见瑕疵的种类，能掌握毛织服装的尺寸测量方法、毛织服装检查抽检方法，并且要会撰写品控检测报告，用文字形式记录工作内容，并向上一级管理人员做汇报。

（3）具备协同合作、善于沟通的能力。由于毛织服装企业多涉及外贸业务，所以对跟单员的外语能力有较高的要求，除了能准确的翻译外语生产制造单，还应该有涉外交际能力，并对报关、商检等进出口业务非常熟悉。

（4）具备文档的处理能力。跟单员必须要熟练使用电脑处理文档或数据统计，要会使用网络邮件跟国外客户进行沟通交流。

2. 毛织服装跟单员应具备的工作职责

毛织服装生产企业中的跟单人员，按照职位的不同，所承担的工作职责也不同。跟单经理、高级跟单员、中级跟单员、跟单助理都会有相应的工作内容和职责，通常跟单岗位职责如下：

（1）协助上级主管做好生产订单的跟进工作。高级跟单员的职责是监控下级跟进板单、大货单及查货的整个生产流程，汇报跟单工作的进展情况，接受新的跟单任务，取得上级主管部门的支持，协助跟单部经理的工作等。

（2）负责订单实施过程中具体的跟进工作。中级跟单员的工作职责是熟练使用毛织企业资源计划系统，检查下属计算毛纱、订购毛纱、订购毛织服装所需配料❶、查询所用毛纱的当期价格、查询所用毛纱的供货日期等具体工作。跟进客户订单报价、生产工艺单的修订、客户的批复意见等。跟进板单、大货，批复配料、大货等。

（3）熟练掌握有关管理运作知识。跟单经理要具备管理经验，以便更好地完成任务。在实际生产中，遇到问题要能高效合理地组织人员召开工作会议，合理地分配下级的工作，令团队高效运作并协调工作中遇到的问题。

（4）负责订单进度、产品质量以及产品交货期的汇总和协调工作。与客户品质控制员协调查货事宜，能独立查货并做验货报告，与船务部跟进装船日期，负责订单进程的信息汇总、汇报、反馈，善于整理订单资料。

（5）熟练地跟客户、厂方进行电话及英语邮件的沟通。跟单助理的工作职责是协助会计部确认、核查加工厂与供货商，保证发货前必须收到客户的信用证、回传的发票，跟进付款的情况。

第三节 毛织服装订单洽谈与评审

订单确定后，毛织服装企业跟单员就需要按照跟单程序进行工作，把控好各个环节的工

---

❶ 配料：毛织服装生产加工制作中，除主要用纱以外的其他附属物，常见的有纽扣、拉链、线绳等。

作内容，顺利完成订单任务。具体跟单的程序如下：客户订单洽谈→订单的评审→确定接单→配置毛纱和辅料→编制生产工艺单→发生产部门（下发加工厂）→跟进生产→产品检查检验→入库（包装）→交付产品。

订单的洽谈、评审、接单是订单前期跟进的内容，往往是由企业领导管理层决定的。从配置毛纱开始，就进入到中期跟单环节，跟单员就要参与到实际的工作中，跟踪每一个环节。产品的检验、包装，将合格的产品交付给客户后是跟单的后期环节，只有到这一步，跟单任务才算结束。

一、毛织服装订单洽谈

毛织服装加工企业的生产订单一般由市场开发部来完成，市场开发部门除了要跟进老客户的服务业务，还要承担开发新市场、新客户的任务。其工作内容为：接受客户询价、报价、选择加工厂、工厂报价、物料预算、签订合同、船期确认等。

开发新客户资源是企业订单开发业务的第一步。直接与新客户进行业务洽谈，收集客户对产品的需求信息，给业务部门提供基础资料。业务部门在接到客户的相关询价后，针对客户提供的资料进行整理分析，并且要对客户的询价做出迅速准确的回复。因为客户在寻求加工企业的报价过程中，往往会多家企业同时进行，并且要在企业之间进行比较。所以，快速合理的报价可以让客户对企业有初步的合作意向，能提高客户的转化率与成功率。合理的报价，企业业务部门需要注意以下问题：

1. 保证企业的正常利润

在保证企业利润的前提下，向客户提供具有市场竞争力的报价。

2. 保证加工企业的利润

作为贸易企业，除了保证自己的利润外，还要为加工厂提供具有市场竞争力的报价。

3. 保证毛织服装贸易公司的利润，实现三方共赢

报价工作质量的优劣标准是加工企业满意、客户能接受报价、实现贸易公司的利润目标，并且最终能实现按质、按量、按时交付产品。

二、毛织服装订单的评审

客户订单确定后，在进入到实际生产之前，需要对订单进行评审，进一步确定客户订单所需要的内容是否能够顺利的执行并运作。

1. 新客户订单协议的签订

对新开发的客户、第一次进行贸易合作的客户、订单数量较大的交易客户，都需要签订正式协议。签订的订单协议内容中包含毛纱品种、规格、数量、单价、总金额、交付时间、结算方式、运输方式、违约责任等。

2. 老客户订单协议的签订

对于老客户或者客户对正在加工的订单的补单、紧急订单等可以通过传真、电话、邮件等方式来确定。此类订单方式简明扼要，大多以市场行情或之前的约定来进行。这种较为简易的订单，跟单员要注意客户的下单资料表述是否清晰，如果产生疑问，必须跟客户沟通，

并最终确定订单的内容。

3. 订单的评审结论

订单的评定审核通常由部门负责人来完成,在对订单所需要审定的内容逐一核对后,写出评审结论。评审结论有三种情况:一是订单完全可以实施,接下来就是安排生产,跟单员进行产品的生产跟进;二是和客户沟通,通过订单的修正后,安排实际的生产加工;三是订单不符合企业要求,需要及时通知客户,并作出相应的解释,避免客户对企业产生误解。订单审核流程如图1-1所示,订单评审表见表1-1。

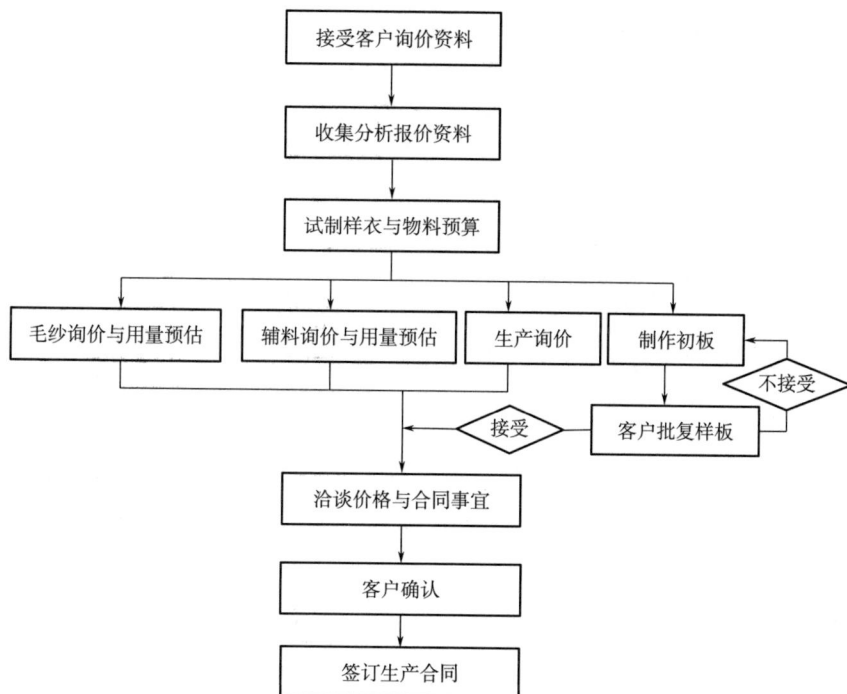

图1-1 订单审核工作流程

表1-1 订单评审表

客户名称			合同类型	
订货日期			交货日期	
订单编号	产品名称	规格	数量	备注
要求				
部门	评审意见(签名)			
业务部				
开发部				
质检部				
采购部				

续表

仓储部	
生产部	
财务部	
行政人事部	
总经理	
结论	
跟单员（签名）	年　月　日

思考与练习

1. 毛织服装跟单的含义及特点。

2. 熟记毛织服装跟单的工作流程、内容及工作职责。

3. 熟记毛织服装跟单工作的种类。

毛织服装所用主料、辅料跟单

课程名称： 毛织服装所用主料、辅料跟单

课题内容： 毛织服装用主料

　　　　　毛织服装主料跟单

　　　　　毛织服装辅料跟单

课题时间： 12课时

教学目的： 掌握毛织服装用纱线的分类方法，了解毛织服装用纱线的物理特征与化学性能，能区分毛织服装所用辅料的类别。了解毛织服装所用主料跟单的过程与方法、成本计算及各项测试与试样的要求。能根据生产订单生产所需物料按规定的颜色、规格、数量、质量要求准时供应给生产部门。

教学方式： 以理论授课为主，结合案例教学并进行讨论。

教学要求： 1. 掌握毛织服装用纱线的分类方法。

　　　　　2. 熟悉毛纱的物理及化学性能。

　　　　　3. 掌握毛织服装生产加工中所用辅料的选择方法和品质要求。

　　　　　4. 掌握毛织服装大货生产前各项测试和试样的内容及要求。

第二章　毛织服装所用主料、辅料跟单

毛织服装所用的毛纱也称为主料。主料、辅料跟单是毛织服装跟单的重要组成部分，跟单员的主要任务是跟踪、协调、组织管理订单生产所需的主料、辅料的采购与供应，确保订单生产所需物料按规定的颜色、规格、数量、质量要求准时供应到生产部门。在企业生产加工过程中，主料、辅料的跟进效率直接影响整个订单的进度和产品质量，是毛织服装跟单的重要工作。

第一节　毛织服装用主料

面料是服装组成的重要部分，机织面料通常按生产及缝制的要求，经过裁剪后加工缝制成衣服。毛织服装是通过织针将毛纱成圈，然后将线圈相互串套而成型。

制成毛织服装的机器主要有横机和圆机两种。按编织方法，它们都属于纬编机，其成圈原理基本相似，但由于机器的结构、成圈机件配置与工作等不相同，毛织横机还具有独特的编制原理。

一、毛织服装毛纱常用纤维

毛织服装生产制作中所使用的毛纱是纺织纤维经过一定的加工制造工艺纺成的，毛织服装用的纱线主要为动物的毛纤维和毛型的化学纤维为原料，所采用的原料一般根据产品的要求、产品档次、生产条件进行合理选择。毛织服装用纱的原料可以分为天然纤维和化学纤维两大类。天然纤维主要有羊毛、兔毛、驼毛、牦牛毛等天然动物纤维，腈纶等化学纤维。企业常用含有锦纶、涤纶的混纺纱来提高毛纱的强力和增加织物编织花色的能力，所采用的化学纤维长度大多大于1cm，属于高分子化合物。毛织服装用纱的原料纤维具体分类如图2-1所示。

1. 天然纤维

天然纤维是人们直接从自然界中获取，经过加工后可用于生产的纤维，按获取途径的不同，天然纤维又可以分为植物纤维、动物纤维以及矿物纤维三大类。

（1）植物纤维。植物纤维主要的组成物质为纤维素，所以也称为纤维素纤维，如棉纤维、麻纤维、亚麻纤维等。棉纤维是世界上产量最大、分布最广的天然纺织纤维，它属于种子纤维。棉纤维具有优良的染色性能，由于它的耐碱性，一般用碱对棉纤维进行有关处理，如退浆、煮练、丝光等。使用次氯酸钠、双氧水氧化剂对棉纤维进行漂白处理。对棉纤维染

```
                                      ┌─ 植物纤维 ─┬─ 棉纤维
                       ┌─ 天然纤维 ─┤          └─ 麻纤维
                       │             └─ 动物纤维 ─┬─ 毛纤维
                       │                          └─ 丝纤维
  毛织服装  ─────────┤
  用纱原料              │             ┌─ 再生纤维 ─┬─ 再生纤维素纤维
                       │             │            ├─ 无机纤维
                       └─ 化学纤维 ─┤            └─ 再生蛋白质纤维
                                     │             ┌─ 涤纶
                                     │             ├─ 锦纶
                                     └─ 合成纤维 ─┼─ 腈纶
                                                   ├─ 维纶
                                                   ├─ 丙纶
                                                   └─ 氨纶
```

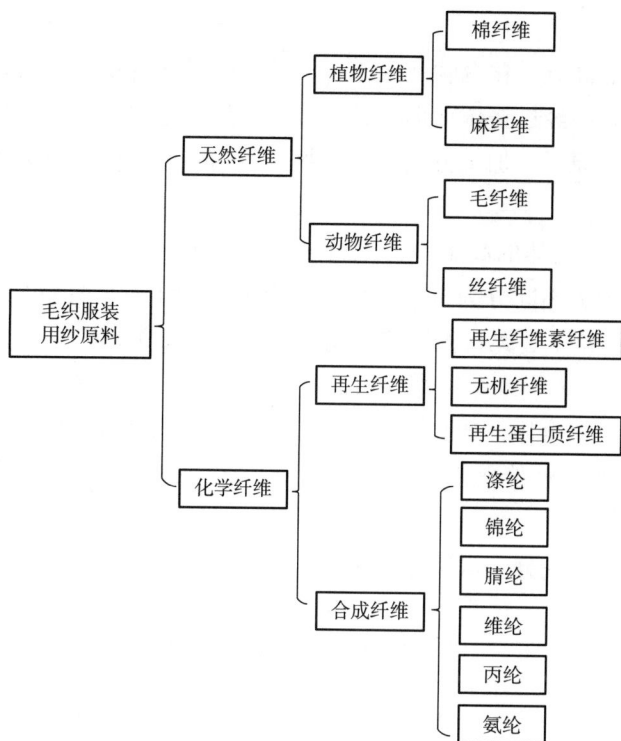

图2-1　毛织服装用纱原料分类

色可用直接染料、活性染料、还原染料、硫化染料、不溶性偶氧染料等染色。常见植物纤维的物理特性见表2-1。

表2-1　常见植物纤维的物理特性

种类		纤维长度（mm）	纤维细度（dtex）	纤维品质
棉	长绒棉	33～45	1.11～1.43	优
	细绒棉	23～33	1.43～2.22	良
	粗绒棉	<23	>2.5	差
麻	苎麻	50～250	0.4～0.9	优
	亚麻	17～25	0.29	良

（2）动物纤维。动物纤维需从动物身上获取，主要的组成物质为蛋白质，所以称为天然蛋白质纤维，主要有毛纤维和丝纤维两大类。毛纤维是从动物身体上获取，由角质组成的多细胞结构的纺织纤维，如绵羊毛、骆驼毛、马海毛、兔毛等。丝纤维是鳞翅目蚕蛾幼体丝腺分泌物，常见的有桑蚕丝、柞蚕丝。

2. 矿物纤维

矿物纤维常见的有石棉纤维，它是从纤维状结构的矿物岩石获得，其主要物质成分为二氧化硅等无机物，故又称天然无机纤维。

3. 化学纤维

化学纤维是以天然高分子化合物或人工合成的高分子化合物为原料，经过化学方法加工制造，从纺丝板的小孔中经过挤压而形成的纤维，在加工过程中，可以控制纤维的不同形状和长度。由于所使用的原料、加工方法、聚合物物质的不同，可以分为再生纤维和合成纤维两大类。

（1）再生纤维。以天然的高聚物为原料（木材、棉短绒、甘蔗渣、大豆、花生等），经纺丝加工而成，按成分不同分为再生纤维素纤维（黏胶纤维、醋酯纤维）、再生蛋白质纤维（酪素纤维、大豆纤维）、无机纤维（玻璃纤维、金属纤维）三类。

（2）合成纤维。合成纤维是以煤、石油及一些农副产品中提取的高分子为原料制成单体后，经人工通过化学聚合后形成高聚物，再经纺丝形成的纤维。由于合成纤维原料来源丰富，便于加工，且纤维的性能优良，被广泛使用，常见的有涤纶、腈纶、锦纶、丙纶、维纶、氨纶、氯纶等。

毛织服装所用纱线的成分，常用纤维的代号见表2-2。

表2-2　毛纺织常用纤维代号

成分	棉	涤纶	维纶	腈纶	锦纶	丙纶	氯纶	黏胶纤维
代号	C	T	V	A	N	O	L	R

二、毛织服装用纱线

纱线是由纤维纺成的细而柔软具有一定强力的长条丝，可以被加工成任意长短。纱线按形态或加工方法可以分为短纤维纱线和长丝，短纤维纱线的主要成分是天然纤维或者天然纤维和化学纤维的混纺纱。根据纤维长度不同，混纺纱又可以分为棉型混纺纱、毛型混纺纱、中长型混纺纱。长丝分为直丝和变形丝两类，变形丝有更好的编织性能，常见的有腈纶膨体纱、高弹锦纶变形丝。

毛织服装用的纱线，根据加工工艺不同，分为精纺纱线和粗纺纱线。精纺纱线也称精梳纱，是指通过精梳工序纺成的纱，包括精梳棉纱和精梳毛纱。精仿纱线中的纤维平行伸直度高，抱合度好、条干均匀光洁，纱支较高，成本较高。精纺纱主要用于高级织物的原料，在毛织服装中的用纱常见规格一般是羊毛、腈纶的混纺高支精仿毛纱，如30%羊毛70%腈纶混纺32S/2纱，或100%腈纶仿羊绒毛纱。使用精纺纱线编织的毛织服装一般不缩绒，表面平整、光滑挺括，手感柔软。

粗纺纱线也称粗梳毛纱或普梳棉纱，是按一般的纺纱系统进行梳理，不经过精梳工序纺成的纱。粗纺纱中短纤维含量较多，纤维平行伸直度差，结构松散，毛茸多，纱线支数较低，此类纱线多用在粗纺毛织物上。使用粗纺纱线编织的毛织服装经缩绒后较为蓬松、厚实保暖。

毛织服装企业可以根据客户的订单要求，选择合适的纱线进行产品的生产，如果客户对毛纱的成分含量有特别的要求，毛织服装生产企业还要向毛纱厂定制，按照客户所要求的成分进行生产。常见毛纱如图2-2所示。

图2-2　常见毛织服装用纱

1. **短纤纱**

短纤纱是由短纤维经过加捻而成的纱线，纱线是单纱（单根无捻或一次加捻的纱）和股线（两根或多根并合加捻）的总称。按所使用原料的种类分为纯纺纱线和混纺纱线。纯纺纱线是使用相同的一种短纤维纺织而成，常见的有纯棉纱线、纯毛纱线、黏胶纱线、涤纶纱线、腈纶纱线等。在短纤维纱线中，棉型纱线具有棉纤维的特性，纱线细并且柔软，因其易获得而应用量最大；毛型纱线比较粗，它蓬松并且富有很好的弹性，手感佳，应用范围也很广。短纤纱线表面光泽暗淡、较粗糙并且大多有绒毛，由于这样的特性，短纤纱线给人柔软、保暖、质地轻薄的感觉。中长型纱线，因其长度和细度具有毛纤维的特性，因此经常使用不同原料的纤维进行混纺，再经过特殊的整理后，增大弹性、外观挺括，可具有毛型感。

2. **长丝纱**

单根长丝纤维或多根长丝纤维经过并合后组成长丝纱，长丝纱又分为单丝（单根长丝纤维构成的长丝）、复丝（多根长丝纤维并合组成）。由于长丝纱的长度比短纤纱要长，所以纱线的直径更为均匀，表面光滑且光泽较亮，强度更强，因其有良好的视觉外观，可以编织各种毛织服装。

3. **特殊纱线**

在热力、机械力作用下，合成纤维长丝由伸直状变为卷曲状，这样的长丝称之为变形纱，变形纱可以分为膨体纱（短纤维）、弹性变形纱、非弹性变形纱。变形纱具有更好的蓬松性、透气性、吸湿性、保暖性以及更好的手感和抗皱能力，但是这种纱线耐磨性较差，容易脏污和勾丝，所以不建议用于童装的使用。

花式纱线结构较为特殊，它采用特种纤维原料、设备和工艺加工制作而成，具有更好的外观效果，从而可以用于制作装饰用纱线。花式纱线既可以纯纺，也可以混纺，故而品种繁多，常见的花式纱线外观有粗细节、螺旋形、聚结状和毛圈式。

包芯纱是用一种纤维作为外包材料，另一种纤维作为芯纱织制而成。能改善织物的服用性能和外观风格，根据不同用途选用不同纤维材料组合，常见的有用涤纶丝作为芯纱，外包棉纤维从而制成涤棉包芯纱。包芯纱示意图如图2-3所示。

4. **毛织服装常用毛纱品种**

前面提到了用于纺织的多种纤维，即使是同一成分的纤维经过不同的加工整理，也可得到不同性能的毛纱，再加上不同成分按一定的比例加在一起混纺成各式各样的毛纱，使得毛纱品种丰富多样。常用

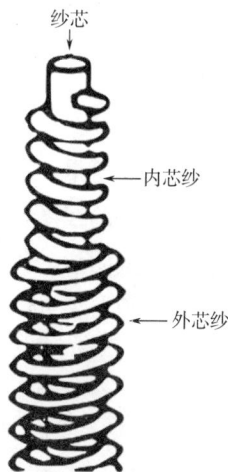

纱芯

内芯纱

外芯纱

图2-3　包芯纱示意图

毛纱见表2-3。

表2-3　常用毛纱名称和成分

名称	规格/S	成分
普棉	21/2	100%（Carded cotton）
精棉	20/2、32/2	100%（Combed cotton）
丝光棉	40/2	（Mercerized cotton）
棉麻（苎麻）混纺	21/2	55%（Ramin）45%（cotton）
棉麻（亚麻）混纺	1/14	60%（linen）40%（cotton）
美利奴羊毛	2/30	100%（Merino）
雪兰毛	2/9	100%（Shetland wool）
羊驼毛	2/11	100% Alpaca
毛锦纶混纺	1/15	70% Angora 30% Nylon
捻纱	2/30	100%（High twisted）Viscose
光丝	300D	100% Rayon
哑光丝	2/30	100% Dull Rayon
人造毛	2/28	100% Acrylic
宝利龙	1/1.8	100% Polyester

三、毛织服装用纱线的品质要求及性能指标

由于毛织服装在加工制作过程中，纱线会受到复杂的机械作用力，所以在选用纱线及纺纱工艺时，要充分考虑其生产特点，保证产品的品质要求。横机编织生产主要是通过成圈的过程来完成，纱线所形成的线圈相互串套时要受到一定的摩擦力，在通过横机成圈机件时，纱线还要受到一定的载荷，产生拉伸、弯曲及扭转，纱线质量差会使制品产生破洞、脱套等现象，如所用纱线太过脆弱，还有可能使整个编织无法顺利进行，严重地影响产品的质量和产量。为确保毛织服装的品质，对于用纱的性能指标有以下要求。

1. 纱线粗细均匀并具有一定光洁度

毛织服装的纱线纱支均匀度要求较高，纱支粗细不均匀将直接影响毛织服装的质量，粗节、细节、毛丝、松紧丝等纱疵，对成品品质产生极大影响。毛织服装由于其特殊的线圈排列、串套成型方式，过粗或过细的纱线在织物中分布较集中时，会在织物表面形成明显的组织不均匀，且在染色后还容易出现色差，影响产品的外观和内在质量。纱支不均匀还会导致纱线强力降低，在编织的过程中增加断纱的频率，影响生产进度。

（1）毛织服装选用的毛纱线密度要求：

①精纺毛纱的线密度偏差率＜±3.8%。

②粗纺毛纱的线密度偏差率＜±4.8%。

③高档毛纱的线密度偏差率＜±2.9%。

（2）毛织服装选用的毛纱光洁度要求：毛织服装用纱还要有一定的光洁度，否则在进行编织中，光洁度低的纱线在穿过织针针钩的过程中，由于不能顺畅通行而造成针钩损坏，使编织无法正常进行。当毛纱中有杂粒、油渍时，棉纱的棉结杂质会影响纱线的弯曲和线圈大小的均匀，造成织物破洞甚至损坏成圈机件。

2. 纱线要有一定的柔软性、强力、延伸度

由于纱线在编织准备和编织过程中要受到一定的张力和摩擦力的作用，柔软的纱线才能弯曲扭转成线圈，并且成圈后的外观效果会均匀美观，织成的织片花纹清晰，织疵少。因此毛织服装用纱必须具有较高的柔软性和强力，才能使编织顺利进行，减少断头。选用纱线的断裂长度要求精纺纯毛纱＞5200m，精纺混纺纱及化纤纱＞9500m。在通过横机编织时应严格控制纱线的张力均匀性，因为织物线圈长度均匀，可以增加针织物的延伸性。否则，线圈不均匀会造成织物手感变差、耐磨度降低，影响织物的服用性能。常用毛织服装纱线规格的单纱断裂强度见表2-4。

表2-4 毛织服装常用纱线规格的单纱断裂强度

纱线规格（tex）	24~26	28~30	32~34	36~42	45~60	64~83
单纱断裂强度（cN/tex）	8.1	8.3	8.9	9.0	9.3	9.4

3. 纱线要有一定的捻度

编织用纱的捻度比机织物用纱捻度小，但都要使用捻度均匀合适的纱线，因为捻度对纱线的性能和织物风格有较大的影响。捻度过小，会造成纱线的强力不足，在成圈过程中增加断头数量，造成织疵，并且在使用变形纱时还会引起起毛、起球和勾丝的现象。捻度过大，纱线的柔软性能变差，很容易造成扭结，使成圈变得困难，并容易造成线圈纵行的严重歪斜，使织成的产品发硬，影响织物手感。

4. 纱线要有一定的吸湿性和回潮率

（1）纱线的吸湿性：是指纤维材料吸收、放出气态水的能力。纤维的吸湿性直接影响制品的服用性能和加工性能，因此，在选用纱线时，一般都要考虑纱线包含纤维的吸湿性。纤维的吸湿性影响皮肤的舒适性、制品的静电性、水洗后的尺寸稳定性、制品的去污性、拒水性以及抗皱等性能。

（2）纱线的回潮率：毛织服装企业在进行纱线的选购及使用中，回潮率指标是一项重要的参数指标。回潮率的大小关系到毛织服装的舒适性，回潮率过低，纱线脆硬，化纤纱还会产生明显的静电现象，使编织难以顺利进行而且对纱线质量产生影响。回潮率过高，纱线强力降低，纱线在编织过程中与机件间的摩擦力增大，导致纱线受损。回潮率按照《纺织材料含水率和回潮率的测定烘箱干燥法》GB/T 9995—1997，毛织用纱产检回潮率参考值见表2-5。

由于纤维的回潮率随着周围环境的变化而变化，所以毛织服装企业常采用公定回潮率指标，其目的是消除因回潮率不同而引起的重量差异，便于毛织服装成品贸易计价和用纱成本计算。在企业的生产跟单部门中，一般会设置专岗人员对毛纱进行回潮率的测定，该专岗人员应具备对纱线测试的专业知识以及如何对纱线进行称重，如何对纱线进行烘干操作等一系列的规范操作，并能将实验数据准确的录入到规范表单中进行汇总计算后，将数据呈报给上级主管。纱线回潮率测试表如图2–4所示。

表2–5　常见纱线公定回潮率

纱线种类	公定回潮率（%）	纱线种类	公定回潮率（%）
棉纱	8	涤纶纱	3.2
亚麻纱	12	腈纶纱	2
精梳毛纱	16	黏胶丝	13
粗梳毛纱	15	锦纶纱	4.5
绢丝	11	维纶纱	5

读取重量

'毛料支数测试/回潮率测试表

注：来毛/过磅/标准重量单位为：LBS；试样读数重量为：g

（公制）

毛料 2/45Nm 54%POLYESTER 20%ACRYL　批号 办　色号 珍珠兰　缸号 190806T-7　读数

数量	重量	支数	读数 4.65	股数	2	11月2日	平均差	二次
1	5.14	42.8	1. 染后/实纺支数	45	2.来单重量	2	-0.08	0.01
2	5.22	42.1	3. 平均支数	42.19	4.过磅重量	2	0.00	0.00
3	5.24	42.0					0.02	0.00
4	5.29	41.6	5. 标准偏差	1.38	6.平均重量	5.215000	0.07	0.01
5	5.28	41.7	回潮率测试<烘毛时间９０分钟以上>				0.06	0.00
6	5.23	42.1	干前重量	干后重量	公定回潮率	10.5	0.01	0.00
7	5.19	42.4	5.14	5.03	平均湿重	5.215000	-0.03	0.00
8	5.13	42.9	5.22	5.15	平均干重	5.111250	-0.09	0.01
9		#DIV/0!	5.24	5.15	回潮率	2.029836	0.00	0.00
10		#DIV/0!	5.29	5.15	系数	1.083899	0.00	0.00
11		#DIV/0!	5.28	5.17	标准重量	3.17	0.00	0.00
12		#DIV/0!	5.23	5.11	标准支数	42.19	0.00	0.00
13		#DIV/0!	5.19	5.08	支数偏差	1.07	0.00	0.00
14		#DIV/0!	5.13	5.05	标准磅数偏差	0.17	0.00	0.00
15		#DIV/0!			轻磅率	8.39%	0.00	0.00
16		#DIV/0!					0.00	0.00
17		#DIV/0!					0.00	0.00
18		#DIV/0!					0.00	0.00
19		#DIV/0!	14.4/1	75%AC/25%N	2.93		0.00	0.00
20		#DIV/0!	14/2	80%W/20%N	14.75		0.00	0.00
21		#DIV/0!	2.2/1	90%W/10%N	15.88		0.00	0.00
22		#DIV/0!	2.8/1	75%C25%A	6.88		0.00	0.00
23		#DIV/0!	3.34/2	70%W30%N	13.63		0.00	0.00
24		#DIV/0!	7/2	55%W/25%N/	11.19		0.00	0.00
25		#DIV/0!	15/1	75%AC/25%PO	1.88		0.00	0.00
26		#DIV/0!	5.2/1	30W%/70AC%	6.5		0.00	0.00

图2–4　回潮率测试表

四、毛纱的品种代号

《纺织品　纱线的标示》是GB/T 8693—2008标准中用四位阿拉伯数字来标示毛纱的品种代号，它们分别标示毛纱所用纤维的种类、纱线的种类、纱线的粗细。

标准中第一位数字标示纱线的种类：

0—精纺纱线（经常省略不写）

1—粗放纱线

2—精纺针织纱

3—粗纺针织纱

标准中的第二位数字标示所用纤维的种类：

0—山羊绒及其混纺

1—异质毛

2—同质毛

3—同质毛与黏胶纤维混纺

4—同质毛与异质毛混纺

5—同质毛与黏胶纤维混纺

6—同质毛与合成纤维混纺

7—异质毛与合成纤维混纺

8—纯化学纤维

9—其他

标准中的第三位、第四位数字标示纱线的支数，支数越大，纱线就越细；支数越小，纱线就越粗。目前市场中的毛纱标号，一般都将第一位数字省略，只用后三位数字表示毛纱的品号。

举例：毛纱标号为368（"0368"），它所表达的意思是同质毛与黏胶混纺（"3"），单纱的支数为6.8（"68"），其他的毛纱标号同理，跟单员在选购毛纱时，一定要注意观察，选择正确的毛纱。

五、毛纱的色号

毛织服装目前使用的毛纱大多数为有色纱，即使是白纱成衫染色，通常也需有规定的色彩代号来表示其为何种颜色。同为红色色相，有几十种不同的红色，而且不同的纤维原料，染成同一种颜色也有差异，需要用一个统一的代号加以区别。目前企业一般会采用统一的对色板来对照比色，统一的对色板是由中国纺织品进出口公司上海外贸总公司服装分公司和上海市毛麻纺织工业公司制定的，全称为"中国毛针织产品色卡"。其对色色号是由一位拉丁字母和三位阿拉伯数字组成。

色号的第一位为拉丁字母，表示毛纱的原料名称，各字母代号的含义为：

N—羊毛品种

WB—腈纶50/羊毛50，腈纶60/羊毛40，腈纶70/羊毛30

KW—腈纶90/羊毛10

K—腈纶（包括腈纶珠绒，腈纶90/锦纶10，腈纶70/锦纶30）

L—羊仔毛（短毛）

R—羊绒

M—牦牛绒

C—驼绒

A—兔毛

AL—50%长兔毛成衫染色

色号的第二位数字为毛纱的色谱类别代号，其含义如下：

0—白色谱（漂白和本白）

1—黄色和橙色谱

2—红色和青莲色谱

3—蓝色和藏青色谱

4—绿色谱

5—棕色和驼色谱

6—灰色和黑色谱

7～9—夹花色类

色号的第三、第四位数字表示色谱中具体颜色的编码，代号规律是：号码由01～12，颜色是由最浅到中等深色，12以上为较深颜色。

举例：

N001表示颜色最浅的驼色羊毛纯纺纱

```
N   5   01
|   |   |
|   |   └──→ 颜色最浅的一种
|   └──────→ 驼色谱
└──────────→ 羊毛品种
```

六、毛织纱线织前处理

进入毛织服装厂的纱线一般有绞纱和筒子纱两种，绞纱需要先卷绕在筒管上变成筒子纱才能上机进行编织。筒子纱有些可以直接上机进行编织，有些易断或纱节较多影响编织效率的筒子纱需要重新进行卷绕，这一过程称之为络纱（俗称倒毛）。

络纱的目的主要是使大卷装的纱线通过络纱机分卷绕成一定形状和一定容量的筒子纱，满足横机编织时纱线的退绕要求及提高纱线的利用率。同时，也可以对纱线进行必要的辅助处理，如上蜡、上柔软剂、上抗静电剂等，来改善纱线的编织性能。

在毛编织用纱中，筒子纱的卷装形式有常见的圆柱型（图2-5）、圆锥型（图2-6）。圆柱型筒子纱原料多为化纤长丝，其优点是容量大、价格低廉，筒子纱可以不经过络纱而直接上机编织，织废纱多使用圆柱型筒子纱。圆锥型筒子纱是毛织中广泛采用的一种卷装形式，它的退绕条件好，生产效率高，适用于各种短纤纱。无论是圆柱型筒子纱还是圆锥型筒子纱，在纱线的线筒内都会张贴上该纱的详细信息，便于跟单员准确无误的选用纱线、补充订购纱线等工作。标签的内容包括色号、缸号、纱的种类等详细信息。纱筒标签如图2-7所示。

图2-5　圆柱型筒子纱

图2-6　圆锥型筒子纱

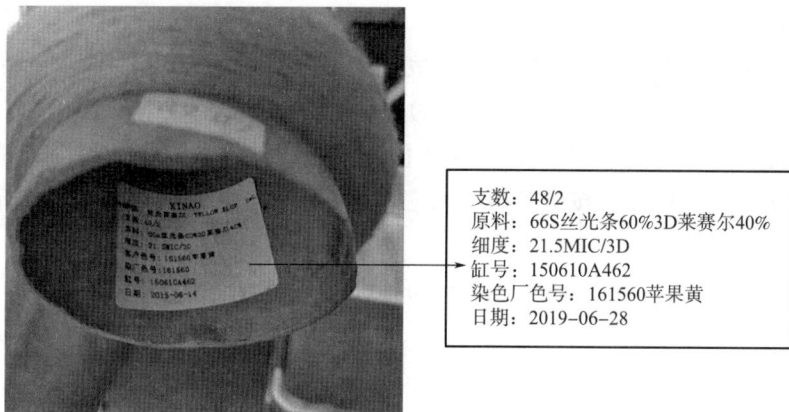

支数：48/2
原料：66S丝光条60%3D莱赛尔40%
细度：21.5MIC/3D
缸号：150610A462
染色厂色号：161560苹果黄
日期：2019-06-28

图2-7 纱筒用标签

第二节 毛织服装主料跟单

一、毛织服装纱线的核算

毛织服装企业所用的纱线是编织成衣的主要用料。纱线的跟单是保证编织成衣生产质量与进度的决定因素，编织完成的成衣价格是在生产编织过程中所消耗的毛纱、配辅料、加工工时、管理费以及工人工资等费用的总和。毛织服装成本核算是确定成衣价位的基础，成衣销售价格的高低，所使用的毛纱成本占据较大比例。

1．毛纱成本核算

编织的成衣价格与单件毛织服装用纱量、毛纱的损耗率、当期毛纱的价格及加工价格有关，其计算公式为：

$$毛纱价格＝（纱线的用量＋编织损耗量）× 当期毛价＋利润 \qquad （2-1）$$

如果订单样板包含有印花、绣花、单件染色等工序，价格应当加上此费用。

按照订单合同确定的样板样衣，跟单员要按照客户要求，对所用的毛纱进行价格计算，根据毛纱厂的报价，用量加上损耗量，计算出客户订单中成衣的价格。

单件产品毛纱耗用量的计算：

$$Gt=G（1+\beta） \qquad （2-2）$$

式中：Gt——单件产品毛纱的耗用量；

β——络纱和编织损耗率；

G——单件。

常见的毛纱损耗率见表2-6。

表2-6 络纱编织损耗率

原料	精梳毛纱	粗梳毛纱	粗梳单纱	混纺纱、化纤纱
损耗率（%）	1.5～2	3～4	4～5	参照毛纱

2. 加工成本核算

由于毛织服装在编织过程中由横机操作完成，编织的效率决定了生产的产能。所以在产品试样编织时，生产技术主管就要计算编织的加工工时，折算到成本里面。

由于目前毛织服装企业生产部的工人计价工资按照计件来算，如挑撞、钉唛头、钉珠片、串橡筋等手工的操作需要按规定时间来完成单件产品，那么单件产品的规定工时就由生产技术主管来确定。

毛织生产企业在长期的生产中总结出每道工序的工价，以便于计算毛织服装的加工费用：

$$加工费=工价累计值×费用系数 \hspace{3cm} （2-3）$$

工价累计值是按照毛织服装加工过程中的难易程度来确定，如在熨烫毛织成衣的时间为4.86分钟/件，缝唛头的时间为0.84分钟/件。那么在计算加工费用的时候，应该按照这个均值来进行计算。费用系数是企业综合以往各种费用实际生产额与生产产量的比较，得出的经验数值，影响因素有企业生产经营所需要的各种租金费用、工业用水、用电、劳务费用、物料价格波动等，一般费用系数为2～3。

3. 辅料成本核算

毛织服装的辅料和附件（拉链、纽扣、松紧带、印花、绣花等）以及标签（唛头、洗水唛）、吊牌（合格证、标价牌等）使用较多，在进行成本核算时，应该对各种辅料、附件的用量分别计算，然后将一件毛织服装所用的全部辅料、附件用量相加，即可得出每件毛织服装所用辅料、附件的成本。

4. 包装材料及运输成本核算

包装材料是指用于包装成衣用的纸、胶袋、纸箱、挂架等。在进行成本核算时，应该把各种包装材料成本分别计算后累加，得出总包装成本。

在交付给客户产品时，选择运输的方式（海运、空运、陆运）的运输成本，按照承运公司的价格进行成本累加。

成本核算是企业运营的核心，同时也是一项较为复杂的工作，涉及很多方面的因素和知识。在企业报价时，要充分考虑客户订单要求的加工款式、规格、数量、交货期等因素，使报价更加的准确、合理，具有同行竞争力。既能满足企业利润，又能长期维持客户关系，从而使得企业正常经营、顺利发展。

二、样衣试样跟单

1. 根据样衣来编制横机生产的工艺单

在样衣试样跟单中，生产技术部门跟单员应该在拿到客户提供的样衣后，第一时间进行"翻衫"。所谓翻衫就是用拆散的方法，确定客户提供样衣的所用纱线原料与规格；组织结构和花型图案；编织成品密度和纱线细度，并进行有关工艺计算，从而设计上机编织工艺和下机缩片方法。通过测样衣的组织密度、量纱长来确定各种物理指标，根据这些指标选择合适的横机机号，计算衣片各部位的排针数（宽度）与转数（毛织服装编织的方法和规则），根据针数、转数与织机密度计算衣片的长度和宽度，便于生产车间的检验与尺寸控制。生产技术部门跟单员要清楚工艺编织单所要求工艺标准，这样可以使生产顺利进行，也有利于技术部门、生产车间之间更好地配合，提高生产效率，保证产品质量，并降低毛纱的损耗。

2. 横机织片缩水测试跟单

进行生产前，要进行织片的缩水测试，根据客户产品要求的组织结构先织一片织片，织片包括样衣的组织结构、花纹图案结构等重要的内容。织片的大小由编织工艺师傅来确定，不能太大也不能太小，织片尺寸过大会浪费毛纱，尤其是价格较贵的纱线，一定要控制好织片的大小，避免过度浪费。织片尺寸过小，所测试织片的缩水率数据不准确，影响大货生产的成品质量。所以编织工艺师傅一般按照个人经验或加工厂的一般做法来确定织片的大小，通常情况下，织片的尺寸可以参考（30～40）cm×25cm（长×宽）来确定。缩水测试的方法要按照订单合同上的规定或客户的要求进行，缩水测试的跟进过程分为3个步骤。

（1）步骤1：在缩水前要先确定好尺寸，用于洗水前后的尺寸对比。

（2）步骤2：经过洗水测试以后，用熨斗将织片熨烫平整，平铺后，再度量横向和纵向尺寸，计算出织片洗水前后的差值，并将结果记录在缩水测试报告上。

（3）步骤3：完成缩水报告，并作出评价，送生产部、跟单部、采购部。

三、样衣试样洗水跟单

跟单员要根据客户提供的洗水标准，选择合适的洗水厂做样衣试样的洗水测试。洗水完成以后，跟单员需要认真核对洗水后样衣试样的颜色、手感、缩水率、柔软度和褪色效果等，并送交客户批准。

1. 样衣试样洗水、测试工作程序

（1）评估并选定洗水厂。洗水厂洗水技术直接影响样衣试样的最后效果，所以在选定洗水厂前，要对洗水厂做一系列的评估，通过比对确定最终合作的洗水厂。

（2）洗水并填写洗水报告。洗水厂接到洗水通知单后，按要求调配洗水药剂、确定洗水方式，在洗水过程中，洗水厂要详细记录洗水过程、方法、洗水效果等。在洗水完成以后，洗水厂将《洗水报告》与洗水样衣试样、洗水后的标准色样板、送货单一起送回给生产跟单部。

（3）检查并批复洗水效果。生产跟单部在收到洗水厂送回的洗水样衣试样和《洗水报告》后，需认真检查洗水效果，将洗水样衣与客供样衣做比对，符合客户标准后，填写评语。

（4）客户批办。把符合标准的洗水样衣试样送交客户批复，如果通过批复，则按照洗水流程进行大货洗水，客户不接受洗水效果，则立即与洗水厂改进洗水方法，直至客户满意为止。

2. 洗水跟单员工作内容

（1）洗水跟单员根据订单的洗水要求，填写样衣试样洗水通知，洗水通知范例见表2-7。然后将通知单与客供板一起送交选定的洗水厂。

表 2-7　试洗水报告单

洗水厂：_____　　　　　通知日期：_____

订单编号		订单日期	
客户		款号	
毛纱成分		交货期	
洗水数量		缸数	
洗水方式			
洗水要求			
客供板	（粘贴处）		
洗水板	（粘贴处）		
洗水厂 洗水记录	洗水剂使用情况： 洗水方法： 洗水效果： 洗水厂负责人：　　　　　　　　　　　　　　日期：		
毛纱部 批核意见			
跟单部 批核意见			
客批评语			

（2）填写洗水记录。洗水厂要按要求确定试样的洗水方式，要在洗水报告上详细记录洗水所用药剂的使用情况、洗水方法、洗水效果等。待洗水完成后，将报告与洗水后的织片送货单一起送到生产部。

（3）查收并批核试样。跟单员要在送回的织片和试样报告、送货单上签收确认，作为日后的付款凭证，然后认真检查试样与客户提供的样衣是否存在色差，并在试样报告中做详细的记录后签字确认。

（4）待客户确认及制作标准卡。跟单员将试样报告寄送给客户审批，如果客户确认试样结果合格，跟单员就要制作数份洗水标准卡，送到生产部门，作为核对大货生产的标准板。

四、印花、绣花样衣跟单

1. 印花毛织服装

印花毛织服装的花型变化多、新颖别致，具有提花毛织服装所没有或难于达到的视觉效果。毛织服装传统印花方法主要为筛网印花，按具体印花工艺的不同，可分为汽蒸印花、低温印花、涂料印花、浮雕印花四类。毛织服装目前新型的印花方式为数码印花，数码印花所印制的图案层次更加分明立体，且数码印花的色彩数量不受限制；设计自由度大；色泽和图案的调配可以随意使用电脑编辑；生产周期短；可扩大涂料印花应用范围。

2. 绣花毛织服装

绣花毛织服装也是毛织服装的一种特色风格，绣花的分类较多，按选用材料有绣线绣花、珠片绣花、绳带饰绣等。目前多采用电脑自动绣花机进行图案的绣制。

毛织服装绣花、印花样衣也要按照客户的要求，在色样上制作各种装饰图案的样板，在制作过程中，要正确进行底料颜色、印花料颜色或绣花线搭配颜色等，如果遇到跟单员不能确定的情况，一定要跟客户多进行沟通。

3. 印花、绣花送样跟单

印制好的样品应注明花型编号、印版编号、客户名称、套色、订单号等内容。在预先印制好的样品资料卡上，将以上有关内容填入，然后贴附在印花样板上，方便客户区分和批核，同时也方便生产企业内部对样品的分类管理。在样衣印花、绣花工作过程中，跟单员应该跟进的主要工作事项为：

（1）印花颜色要与客户批复板完全一致，并且在高温和吸水后不会产生掉色现象。

（2）印花覆盖衣片部位的手感不能太硬。

（3）印花图案不能出现斑点，保持图案的清晰。

（4）印花图案位置要准确，应与客户批复板完全一致。

（5）绣花的位置要保持整洁，不能有污渍、破洞。

（6）保持绣花部位平整，不能褶皱，要保持原有毛织服装的柔软度。

（7）绣花部位确保没有断针针头、线头，且一定要进行验针程序。

（8）绣线颜色的选择要与样衣绣线编号一致，不能出现色差。

（9）如有钉珠工艺的，所选用的珠管必须用圆头（珠管横截切面没有锋利的棱角）。

（10）钉珠管的线要牢，不脱散，一般用四股线来钉，开始与收尾打结的方法按照工艺单实际操作说明要求的来进行。

印花、绣花厂在完成样衣印花、绣花试样后，送回到跟单部，在跟单员确认样衣试样合格后，填写印花、绣花送样卡，见表2-8，将印花、绣花试样及送样卡一起寄送给客户批复。跟单员要做好印花、绣花厂的信息记录，留档便于以后款式的报价参考。

表2-8 印花送样卡

客户名称	
订单编号	
花型名称	
花型编号（生产部）	
印花方式	
印版编号	
套色数	
印片规格	
送样时间	
备注	

第三节　毛织服装辅料跟单

跟单员要做好生产跟单，必须掌握各种辅料的物理特点、使用限制等信息，以便恰当地选用辅料种类，并能根据毛织服装的毛纱特点向客户和加工厂提出有建设性的意见和建议，从而更好地跟进订单的生产。

辅料跟单种类繁多，跟单工作任务繁杂，跟单员只有明确职责，认真做好跟单各项日常管理工作，才能确保辅料采购跟单不出错，保证订单顺利生产，避免因辅料问题而影响订单生产及交货。

一、辅料的认识

辅料是毛织服装必不可少的组成部分。毛织服装所用辅料的舒适性、装饰性、耐用性、功能性直接影响成衣的品质。在跟单工作中，辅料跟单的效率和完成度也会影响整个订单生产能否顺利进行，所以，跟单员要高度重视并认真做好辅料的跟单管理，辅料通常从加工厂直接采购，但是也需要客户确认。

辅料是指毛织服装生产织造过程中，除使用主料毛纱以外所有需要使用和损耗的物料，包括线带材料、商标、紧固件、定型物、包装材料、标识性材料等。由于辅料的种类繁多，价格也参差不齐，跟单员在选择辅料供应商时，要符合企业的实际需求。跟单员应该准确掌握客户的需求特点和所在地周边供货商的企业情况，为客户提供合适的辅料选配，对辅料供应商能力的评估与毛纱供应商类同，跟单员应要求辅料管理员对以前的采购记录和即将准备采购的辅料价格、供应商交货情况等资料进行汇总，便于跟单员了解辅料的库存情况，并且方便跟单员进行信息查询。

1. 唛头

毛织服装用的唛头在做工上主要分为织唛及印唛。织唛是通过织唛机用不同的色线编织而成，织唛成本比印唛高，但是由于织唛唛头使用色线编织，所以它的牢固性高、耐用性强，长时间洗涤不会使编织的字体或图案脱色。印唛是在空白的带子上，通过印唛机印制而成的唛头。印唛唛头的生产制造成本比织唛唛头低，但牢度不如织唛唛头，在成衣洗水时，还有可能产生脱色。

唛头在种类上可以分为以下几种：

（1）主唛：即商标、品牌，其位置多缝制在后领中间明显位置，是产品的主要标识之一。

（2）成分唛：标明毛织服装所用纤维的种类、混纺纤维各成分的含量等信息。

（3）尺码唛：标明毛织服装的尺码，便于消费者选择适合自己尺寸的衣服。

（4）洗水唛：标明毛织服装的洗涤方式、洗水温度、熨烫温度、晾晒方法等信息，常以图文并茂的方式出现。

（5）其他唛头：部分客户会要求有特别的唛头，这要根据客户自身的需求来确定。

2. 吊挂牌

吊挂牌常用纸质材料，也有胶质等材料。从用途来分可分为：

（1）胸牌：主要标示产品牌子、尺码、价钱等数据。

（2）价格牌：标示毛织服装的价格，常配有条形码。

3. 纽扣

纽扣属于紧扣型辅料，主要分为胶纽、金属纽、布包纽等，也包括客户提供的特型纽扣等。

4. 橡筋

橡筋也称为丈根（松紧带）。一种是线状橡筋，常用于织片中，如有些货品要求在袖嘴，脚口边加橡筋。另一种是带状橡筋，可宽可窄，根据实际生产需求来使用，主要用于裤腰头、裙腰头等部位

5. 防盗胶扣/胶针

对于高档的毛织服装或者客户要求的价钱牌价格高于某价位的毛织服装，都需要按照客户要求的部位，加装防盗胶扣。胶针用于固定吊挂牌或应用于配纽、配线备用袋的固定。

6. 备用袋

广东地区也称士啤袋（spare的音译），它有纸袋、胶袋两种类型，袋内装备用纽扣或备用毛纱，形状上可分为骨条上孔、骨条下孔、有骨条有孔、无骨条无孔几种。

7. 纸箱

纸箱用于包装毛织服装成衣，纸箱可分内盒及外箱，外箱形状上分普通卡通箱，天地盒等。常见的有单层瓦楞纸、双层瓦楞纸、三层瓦楞纸三种。纸箱按其耐压强度、戳穿强度、耐破强度及含水分率可分为A、B、C三个级别，最常用的为三层瓦楞纸C级纸箱，纸箱分类见表2-9。

表2-9 包装纸箱常见规格

单层瓦楞纸（3层纸）	双层瓦楞纸（5层纸）	三层瓦楞纸（7层纸）

备注：

A类纸箱：质量最好，价格偏高（多用于出口）

B类纸箱：质量比A类稍次

C类纸箱：普通用纸箱（多用于内销）

8. 拉链

拉链属于紧扣型辅料，种类较多。从链齿材质上可分为金属拉链、塑胶拉链、尼龙拉链。选择时应考虑使用方便以及拉链的材质、颜色、号数要与毛织服装成衣整体要求相一致，还要重视底带的材料、颜色等因素。

9. 其他辅料

衣架、贴纸、横头纸、腰带扣、打纽线等。辅料选用的原则应满足客户的需求，每个客户都有自身的一套辅料系统，在实际生产中应灵活应用。常用辅料分类见表2-10。

表2-10　常用辅料分类

名称	图示	名称	图示
织唛		纽扣	
印唛	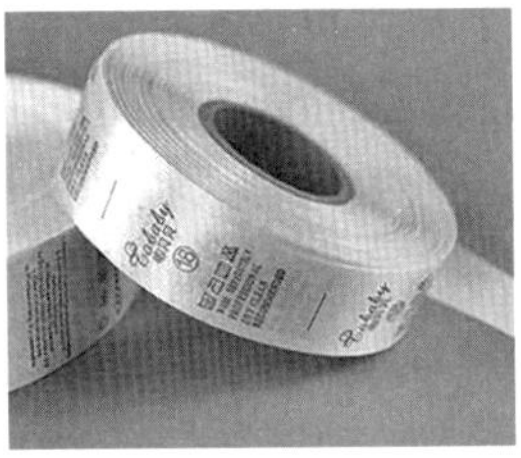	防盗胶扣	
洗水唛	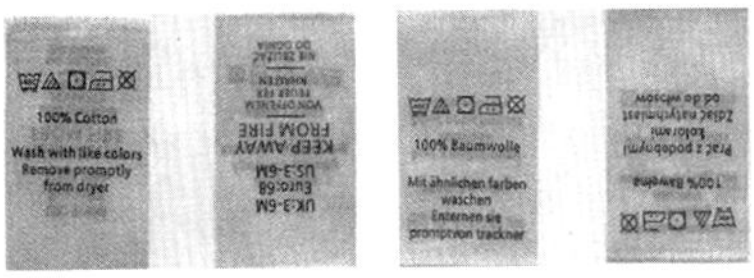	橡筋条	
吊挂牌	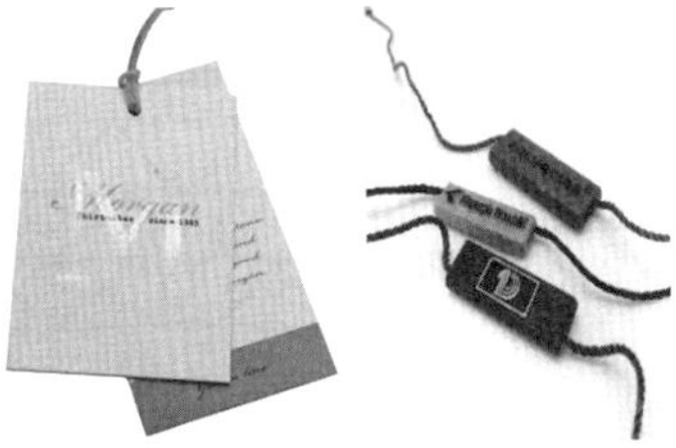	备用袋	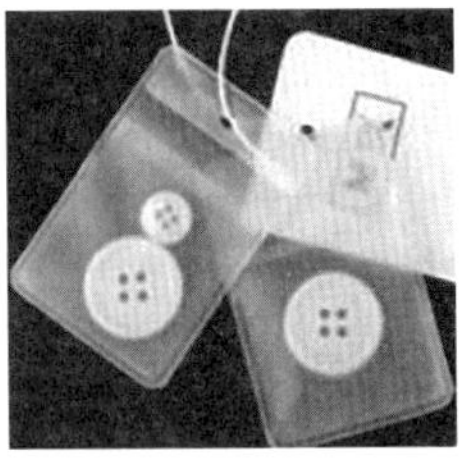
纸箱		拉链	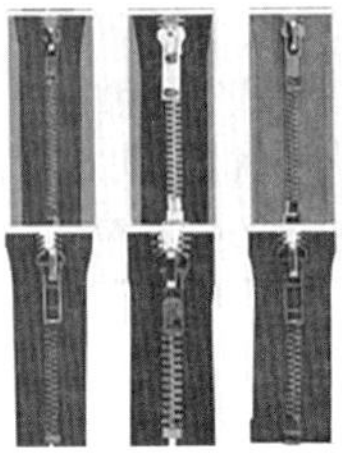

二、辅料样板跟单

辅料跟单中跟单员的主要工作是组织、管理、协调辅料的采购，从而保障生产订单所需辅料的供应。辅料应根据供应商的要求来跟进其品质和采购途径，因辅料的种类繁多，所以辅料跟单员的工作量大、工作强度高、处理事务烦琐。辅料跟单员必须明确自己的工作职责，认真做好本职各项工作，保障在跟进的过程中，不会造成错误。

1. 辅料跟单员必备的技能及工作内容

（1）专业知识。辅料跟单员应具有专业知识，了解各种辅料性能及作用，了解辅料供应商的产品信息。

（2）编织生产计划单。辅料跟单员应能独立编制生产计划订单，配合辅料部门开展工作。

（3）跟进辅料样板制作。辅料跟单员能跟进配辅料样板的制作，并且及时跟踪客户对辅料样板的批复意见。

（4）及时反馈客户意见。辅料跟单员能及时将客户的批复意见反馈给辅料供货商，提出修改或更正意见。

（5）了解辅料的备用情况。对产品订单所需用辅料要能估算其用量，了解相同辅料的库存情况，落实辅料订购计划。如果采用厂供辅料，要跟进工厂的生产进度，督促工厂能按时、按质、按量交货，避免造成订单生产计划延期。做好生产完成后剩余辅料的入库盘点，返还转运等工作。

2. 辅料样板跟单流程

辅料样板的确定是为后续大货生产提供依据。所以，在大货生产前，跟单员首先要对辅料样板确认，无误后才能进行批量采购及使用。在确认辅料样板时，必须先经过生产部、辅料部、跟单部门的评审，确保所用辅料能及时通过客户的批复。

3. 确定辅料订单资料

辅料有客供辅料和厂供辅料两种形式。

（1）客户提供辅料。如果采用客供辅料，跟单员直接跟客户指定工厂联系，确认辅料类型和数量，确定采购期。

（2）厂供辅料。如果采用厂供辅料，跟单员首先要将订单所需辅料的资料交给合作的辅料加工厂，工厂的跟单员根据辅料样板卡进行选材和加工，并及时将加工好的辅料样板交付给贸易部门跟单员进行评审。

4. 辅料订单资料评审要点

无论是客供辅料还是厂供辅料，跟单员都应该对客户所要求的辅料标准进行逐项评估。辅料资料评审主要包括辅料的品牌、供货商、辅料原材料的规格、颜色、形态等一系列的物理性能指标，同时还应查验辅料的色牢度、收缩率、有害物质等化学性能指标。对于检验合格的辅料，跟单员要将其制作成册，加注评审意见后，转寄给客户，以便辅料进仓查验和生产核对时使用。

5. 辅料采购跟单工作的开展

客户确认辅料样板后，辅料跟单员就需要进入大货采购流程了。跟单员根据辅料样板汇总的信息，逐项进行采购。因毛织服装用辅料种类较多，且每个供货商的辅料名称未必相同，这就需要跟单员进行名称标注，避免因同种辅料用不同名称而导致重复采购或采购失误，见表2-11。

表2-11 辅料采购进度跟进表

客户/订单号			订单A	订单B	订单C
款号/制单号					
款式编号					
收单日期					
委托加工厂					
制单发出日期					
计划生产量					
物流方式					
辅料	供应商		跟进日期记录		
拉链		订购日期			
		到厂日期			
纽扣		订购日期			
		到厂日期			
吊牌		订购日期			
		到厂日期			
唛头		订购日期			
		到厂日期			
洗水唛		订购日期			
		到厂日期			
纸箱		订购日期			
		到厂日期			
胶袋		订购日期			
		到厂日期			
价钱牌		订购日期			
		到厂日期			
跟单员：			制表日期： 年 月 日		

6. 跟单资料管理

目前企业一般都有自己的订单资料管理系统，跟单员应该及时将辅料的各类信息及时录入到系统内，供各个协同部门共享资料内容，安排生产排期，使生产顺利进行。

（1）确定辅料的交货期。跟单员一般根据客户的订单交货期来推算辅料的到货期，不同品种的辅料采购提前期也有所不同，跟单员应该对每一次订货成本、库存量以及生产进度做好详细计划，最大限度缩短辅料的采购期，避免造成积压以及生产计划与采购脱节。

（2）做好辅料预算。跟单员应该根据订单生产计划，提前做好辅料用量的计划，做到适量采购。虽然大多数辅料品种的单价不高，但由于用量大，如果用量不准确会影响整个订单的成本核算。

（3）填写《辅料订购单》签订订购合同。确定辅料交货期，跟单员要抽取样品建档存储，生产过程中发现有任何问题，跟单员要及时与客户沟通。

（4）检查大货辅料质量。辅料到厂后，应该安排品质控制员（QC）对辅料进行质检，检查是否符合采购合同要求的数量、质量、规格等。跟单员按照《辅料检验表》列出的检验要点抽检合格，则视为整批合格，辅料可以入仓库。如发现有质量疵点，应及时通知供货商拉回，并尽快补货。

为了便于辅料跟单的学习，本节列举一个企业实际跟单案例，具体细节如配辅料跟单案例。

案例　配辅料跟单

配料通知单

TO：Zhang Ling CC：兴

款号：M1102-3-15-0045 合同号：CHHJ18-00097

FM：Katy 日期：2020-5-6

配料	样板	供应商	位置及备注
主唛（Main Label）	Collection J.CREW	厂订	尺寸25mm×65mm，米白底、金色字织唛、位于唛中间。车缝在后领中，面线配主唛色，底线配衫身色
尺码唛、产地唛（Size）	S MADE IN CHINA	厂订	大小15mm×20mm米白底、金色字织唛，唛中间有"S"字样，唛底有"MADE IN CHINA"字样
追踪唛（Tracking Label）	STYLE #A8983 FA18 737CN03	制订客户采购（查询客户明细表）	大小36mm×12mm Style#（款号） Season/Year（季节/年份） Vendor#（生产厂编号，客人提供。由数字+2个字母的国家代码组成）［如737CN03］
价钱牌、吊挂方式	Dept AA2 Class 0I3 Style 30774 Color BLA LHK8005 BK0001 Size XS 099102119319 J.CREW	厂订	正面根据样板内容印制内容挂牌用2cm长的白色胶针穿过尺码唛头，如图示，价钱牌要放置于衫内，品牌名（正面字样向上）

续表

配料	样板	供应商	位置及备注
价钱牌、吊挂方式	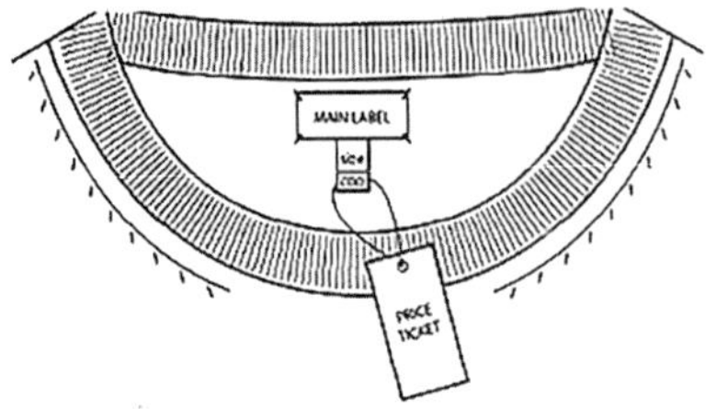	厂订	正面根据样板内容印制内容挂牌用2cm长的白色胶针穿过尺码唛头，如图示，价钱牌要放置于衫内，品牌名（正面字样向上）
透明胶针	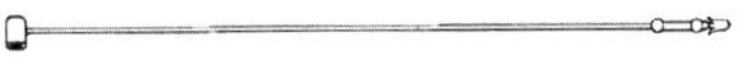	厂订	型号使用5″
洗水唛	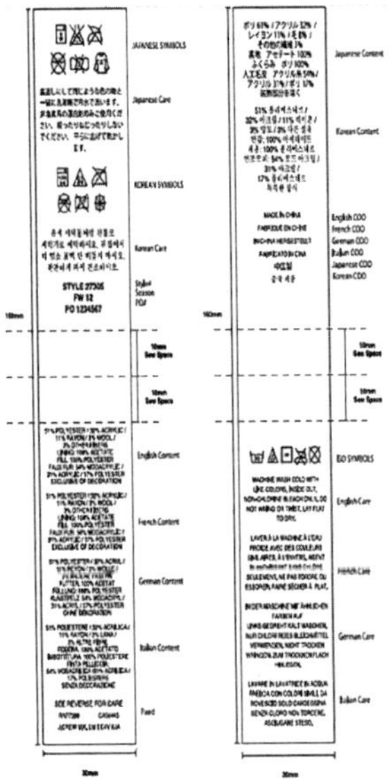	制订客户采购（查询客户明细表）	备注：2019年8月4日内容有更新：洗水唛将取消（1）款号；（2）季度及年份；（3）PO#。 以上内容将由新的追踪唛取代。洗水唛要用大货毛纱在化验合格后，按客户批复最终决定用料
单件袋	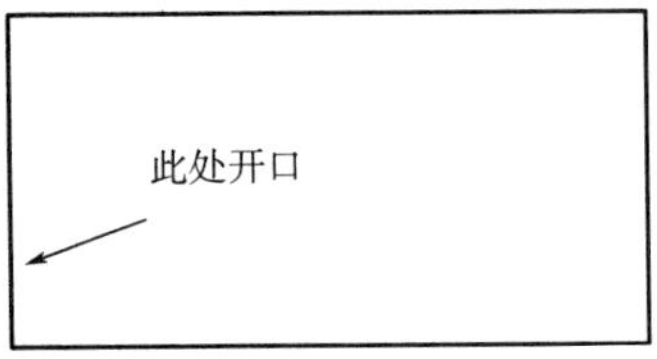 此处开口	厂订	胶袋底部要有一个U型透气孔。另须贴一张胶袋贴纸于胶袋右手边底部，但不可盖着小孔（如图）。胶袋正面空白
件袋贴纸	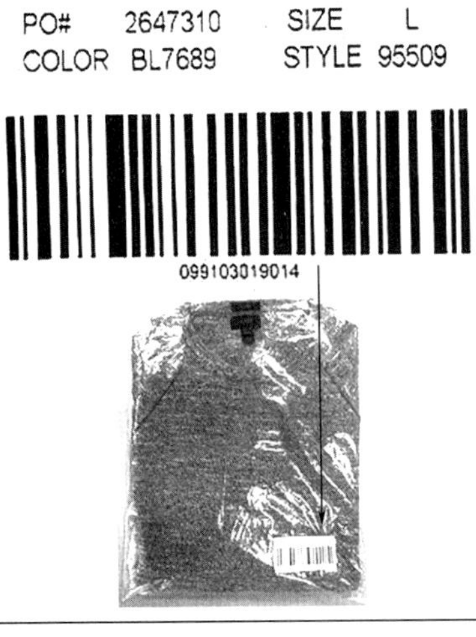 PO# 2647310　SIZE　L COLOR BL7689　STYLE 95509 099103019014	厂订	贴纸位置：胶袋右下角（如图）

续表

配料	样板	供应商	位置及备注
大胶袋	♲ 4 LDPE WARNING: To avoid danger of suffocation, keep this bag away from babies and children. Do not use in cribs, beds, carriages or playpens. This bag is not a toy. ADVERTENCIA: Para evitar riesgos de asfixia, mantenga esta bolsa lejos de los bebés y niños. No use las cunas, camas, carritos o corralitos de juegos. Esta bolsa no es un juguete. AVERTISSEMENT: Pour éviter le danger de suffocation, ne laissez pas ce sac à la portée des bébés ni des enfants. N'utilisez pas ce sac sur les lits de bébés, lits, charlots ni parcs pour bébés ou enfants. Ce sac n'est pas un jouet. 注意：請把膠袋放在嬰兒及兒童接觸不到的地方，以免引致窒息危險。請勿置于嬰兒床、睡床、嬰兒推車或嬰兒睡床上。此膠袋並非玩具。	厂订	按客户要求订制5件、8件、10件装大胶袋，胶袋不需要印制LOGO，大小合适。胶袋正面需要印制"警告语"（警告字句采用了英文、法文、西班牙文及中文4种语言叙述，与件袋相同）
胶袋大贴纸	Style #: Color: 3 3/4″ ← 4 1/2″ →	厂订	如果是单色多码包装用的大胶袋，则需要在大胶袋上面贴纸，需要写款名和颜色
唛头缝制方法			
主唛	MAIN LABEL SIZE 000		主唛钉在后领中缝线下，横钉4角，面线配唛色，底线配衫身色，线头不可露在后领衫面，唛钉好后的效果，要与手钉样效果相同
尺码唛 产地唛			车缝于主唛正中位置下面，缝线需用配色线
洗水唛	SIDE SEAM P/S/S CARE CONTENT 4″		车缝于衫下摆边上4″穿起后左手侧，用配色线车缝一道线。
追踪唛			车缝在洗水唛同一位置，洗水唛在上，追踪唛在下面，要与洗水唛对齐

思考与练习

1．毛织服装用纱线的分类方法有哪些？

2．毛纱的物理及化学性能有哪些？

3．毛织服装生产加工中所用辅料的选择方法和品质要求。

4．毛织服装大货生产前各项测试和试样的内容及要求。

毛织服装生产流程跟单、后整理跟单

课题名称： 毛织服装生产流程跟单、后整理跟单

课题内容： 毛织服装工艺制订

毛织服装后整理跟单

毛织服装染色

毛织服装防起球、防缩处理

课题时间： 16课时

教学目的： 掌握毛织服装工艺制订的方法及要求、原则与内容，毛织服装产品生产流程跟单的主要工作内容；掌握毛织服装的后整理加工工艺方法及要求；了解毛织服装质量检测的依据和检测规范，毛织服装成品防起球、防缩工艺及毛织服装染色的工艺过程跟单注意事项。

教学方式： 以理论授课为主，结合案例教学并进行讨论。

教学要求： 1. 毛织服装工艺制订的方法及要求。

2. 毛织服装生产流程跟单的主要工作内容。

3. 掌握毛织服装缩绒、拉毛的工艺。

4. 了解毛织服装染色的工艺及成品染色跟单注意事项。

第三章 毛织服装生产流程跟单、后整理跟单

完成了毛织服装的毛纱及配辅料采购与跟进工作后，订单转入批量生产阶段。生产部的跟单员需要及时将生产资料单转交给客户、加工厂等相关部门，跟进大货生产的进度与质量，并充分预测生产中可能产生的问题，采取预防措施避免问题的发生，从而确保订单按时、按质、按量完成生产。

第一节 毛织服装工艺制订

一、毛织服装生产主要工作内容

毛织服装产品因原料、款式、品种类别繁多，故不同的产品生产工艺有所不同，生产工艺流程的制订是否合理将会影响产品的产量和质量。因此，必须根据客户产品要求合理选用横机机型，按产品的特性确定合理的工艺和合适的工序工艺参数。工艺流程如下：原料毛纱进厂→检验→织前准备→横机编织→织片检验→大货成衣生产成品定型整理→成品检验→包装→入库→发货。

编织是毛织服装生产中的主要工序，它是将毛纱编织成符合要求的、具有一定形状和尺寸的成型织片。编织过程中必须控制好毛纱的张力，根据组织结构的要求调节编织三角和参加工作的导纱器数，调节织片各部位的编织密度并需要检查下机织片的密度（检验前需要采用一定的缩片方法使其回缩）。同时，还必须控制好牵拉张力。

下机织片必须及时检验，检验的内容包括密度、疵点、织片尺寸与重量等，如有不符合客户要求的地方，应该及时更正工艺和上机条件。

经过检验合格后的织片按工艺要求进行缝合，客户质量要求高的使用缝盘机来操作，质量要求一般的可以使用包缝机来进行缝合。缝合后的成品还需要经过洗水、熨烫来定型，从而改善成品的外观与内在质量。

二、毛织服装工艺制订的原则与内容

1. 工艺制订的原则

对于具有设计研发能力的企业，在开发样板样衣时要进行编织工艺的制订，其原则为：

（1）产品分档。按生产毛织服装的经济附加值高低以及客户的需求，设计开发的产品

应该分档，分为高档、中档、低档毛织服装产品。

（2）降低成本。在保证毛织服装质量的前提下，尽量节省毛纱用量，降低工时，从而降低生产成本。

（3）制订最佳生产计划。根据实际的生产情况，如毛纱的品质、编织设备的数量、操作工人的技术、企业生产能力的负荷等，制订最佳的生产计划，提高生产效率。

（4）确保工艺参数正确。在进行大货生产前，一定要反复试样，核实生产工艺参数无误后，再进行生产，避免产生不合格产品。

2. 工艺制订的内容

对来样样衣进行工艺分析，通过分析更加清楚样衣的结构组成，便于下一步的生产，工艺分析的内容如下：

（1）确定纱线。根据客户来样样衣，首先分析样衣的款式、色彩搭配、产品图案等，确定所需要毛纱的色泽及规格。

（2）确定组织结构。通过翻衫分析确定织物的组织结构。

（3）选用横机。根据纱线的规格，选用适合的横机。

（4）确定辅料。根据产品采用的装饰工艺，确定需要的辅助材料。

（5）产品商标及包装。考虑产品的商标形式及包装方式。

3. 确定生产操作工艺

生产加工企业吓数工艺师通过试片确定出织物的回缩率及成品密度，然后使用手写吓数或智能吓数软件，确定编织操作工艺。测定织物单位线圈重量，按操作工艺单求出织片线圈数，计算出单件产品的用料量。

三、制订染色、后整理工艺

按照生产制造单毛织服装的加工要求，对需要进行染色的产品要制订合理、经济的染色方案。制订产品最佳的缩绒工艺及其他整理工艺，并且要正确选用染色及后整理设备的规格和型号，同时要制订出染色及后整理工艺的质量要求内容，便于后整理阶段作为进行查货的依据。跟单员最后需要将产品的各技术资料进行汇总、登记、归档保管。

第二节　毛织服装后整理跟单

随着人们生活水平的提高，消费者对毛织服装个性化以及品质的要求越来越高，毛织服装越来越趋向高档化、时装化、多样化。因此除了优化编织工艺外，必须要重视成衣的后整理工艺，从而增强产品的市场竞争力。毛织服装的后整理是在产品完成以后进行的加工整理工艺，其目的是提升产品的品质。企业的后整部门会严格按照客户对产品的品质要求，依照企业生产操作规程来进行工作的开展，根据客户要求不同，分为普通洗水、缩绒、拉毛、染色、防起球、防缩、整烫定型等工艺。每种工艺都有相应的工艺要求和标准，避免因人为因素导致整批产品不合格。

一、后整理工艺中的成衣缩绒工艺

缩绒（毛）是毛织服装后整理工作中的一项重要工艺，由于毛纤维表面具有鳞片结构，会产生定向移动，从而使纤维之间会相互穿插缠绕，使毛端逐步露出织物表面，获得收缩起绒的效果。缩绒工艺主要应用于羊绒、驼毛、羊仔毛等粗纺类毛织服装。精纺类毛织服装也常以常温、短时间做净洗湿整理或"轻缩绒"整理以改善外观。

毛织服装缩绒主要有洗涤剂缩绒法和溶剂缩绒法两种。毛织服装在一定湿热条件下，浸在中性皂液中，经过机械外力（摩擦力）的搓揉作用，使织物表面露出一层均匀的绒毛，取得外观丰满、手感柔软、保暖而富有弹性的效果，这个加工工艺过程称为缩绒（毛）整理。高品质的缩绒工艺能使毛织服装在表面产生绒茸，给人以美观、柔和的感觉。但当缩绒工艺处理不当，则会出现两种情况：一是缩绒不充分，毛织服装表面达不到丰满、柔软的目的；二是缩绒过度，毛织服装产生毡缩甚至毡并。毡并是不可逆的，毡并后，经、纬向尺寸显著收缩，织物变厚，弹性消失，手感发硬、板结，毛织服装品质完全被破坏。

1. 缩绒工艺过程

缩绒的工艺流程为：成衣→浸泡→缩绒→清洗→脱水→烘干→熨烫→成品定型。

2. 缩绒注意事项及常用工艺

缩绒是一个复杂的过程，是多种因素共同作用和相互影响后的结果，因此在实际操作中要综合考量并按规范操作。影响毛织服装缩绒的工艺因素主要有助剂、浴比、温度、pH值、机械外力和缩绒时间，见表3-1。

表3-1 缩绒工艺表

| 原料 | 浴比 | 助剂（%） | | | pH值 | 温度（℃） | 缩绒时间（min） | 水洗 | | 烘干 | 备注 |
		净洗剂209	全能型柔软剂E-22	中性皂粉				次数	时间（min）		
山羊绒	1:30		3~6		7±0.2	38~0	5~12	2	5	烘干机	—
绵羊绒	1:30		3~6		7±0.2	36~38	5~10	2	5		
驼绒	1:30	—	2.5~6		7±0.2	36~40	5~8	2	5		
牦牛毛	1:30		2.5~6		7±0.2	38~40	3~10	2	5		
马海毛	1:30		2.5~6	—	7±0.2	36~38	5~10	2	5		
羊仔毛	1:30	2.0~5			7±0.2	30~33	3~8	2	5		
精纺羊毛	1:30	0.4~3			7±0.2	27~32	3~5	1	2		轻缩绒
雪特莱毛	1:30	1.5~5			7±0.2	38~40	6~10	2	5		
洗白兔毛	1:30		—	2~5	7±0.2	38~40	25~35	1	3	烘箱	
条染兔毛	1:30			2.5~5	7±0.2	38~40	20~30	2	3		
白㲠兔毛	1:30			2.5~5	7±0.2	38~40	20~30	2	2		
夹色兔毛	1:30			2~2.5	7±0.2	33~35	25~30	2	2		

在操作过程中，要注意以下事项：

（1）浸泡。缩绒前浸0～30分钟，使羊毛纤维充分润湿膨胀，鳞片张开，缩绒工艺让湿纤维有更好的形变和韧性。浸泡成衣既能增加纤维之间的摩擦力，又不至于对纤维造成损伤。

（2）浴比。浴比是毛织服装重量与水重量之比，毛织服装缩绒时的浴比应适当，浴比过小时，毛纤维之间的摩擦增加，摩擦力及作用力的不均匀程度增加，容易导致缩绒的不均匀；浴比过大时，机械作用力相对减小，毛纤维之间的摩擦减缓，助剂耗量增大，缩绒时间加长。毛织成衣的浴比一般采用1：30，以保证织物能充分润湿。要注意尽可能采用软水。

（3）温度。一般情况下，温度高，缩绒快；温度低，缩绒慢。毛织服装成衣的缩绒温度控制在30～40℃之间。缩绒温度低，绒面颜色淡；缩绒温度高，绒面颜色浓，具体缩绒温度按原料而定。

（4）常用助剂。毛织服装缩绒常用的助剂有中性皂粉、净洗剂209、净洗剂105。高档毛织服装还常采用进口净洗助剂和柔软剂，如德国进口的E-22型全能柔软剂。助剂的作用是促使纤维柔软膨化、鳞片舒张、便于收缩；同时使织物表面光滑、减少受到机械摩擦的损伤和缩绒不均匀等疵病。助剂的性质、浓度和用量根据原料而定。

（5）缩绒与织物的组织及密度。缩绒与织物组织和密度有关。如果织物组织结构疏松，线圈交接点少，易于缩绒；反之不容易缩绒。

（6）缩绒绒度。表3-1所示缩绒工艺仅作为参考。在生产中进行毛织服装缩绒时，应以样衣缩绒绒度的标准为准，找出适合具体的缩绒工艺。

（7）柔软剂。柔软剂的使用量一般与净洗剂相同或相近，柔软可与缩绒同时进行；也可以先缩绒，待清洗、脱水后再用1：10的浴比和35～40℃的温度下将成衣浸泡柔软剂20～30分钟，然后脱水、烘干，这样的柔软效果更好。

二、后整理工艺中的成衣拉毛工艺

拉毛工艺处理也是毛织服装的后整理工艺之一，毛织服装经过拉毛工艺后，成衣表面产生细密的绒毛，手感柔软、外观丰满、保暖性增强。拉毛可在毛织服装正面或反面进行。拉毛工艺是物理作用，通过拉毛机针刺的作用，使成衣表面纱线中的纤维被拉出，在毛织服装表面形成一层绒毛。

拉毛与缩绒的区别在于：拉毛只在毛织服装表面起毛，而缩绒则是在毛织服装两面和内部同时进行；拉毛对毛织服装的组织有损伤，而缩绒不损伤毛织服装的组织。拉毛工艺既可用在纯毛织服装上，也可用在混纺毛织服装上。目前应用最多的是对毛织服装中不具有缩绒特性的腈纶等化纤产品进行拉毛处理，以此来扩大其花色品种。

三、后整理跟单员的职责

跟单员对客户提供的样衣要进行分析及手感测试，对照生产部或者外发工厂的缩绒工艺及拉毛工艺水平做出合理的评估，按照生产单的排期，尽快开展后整理工艺的工作。

通常在第一件成衣缩绒后，跟单员应及时查验缩绒的效果，对照客户的样衣，进行对比，如果缩绒效果能达到产品要求，跟单员就要跟生产部下发订单生产计划。如果缩绒效达不到要求，跟单员应及时跟进工人的操作是否按照规范操作，排查问题的原因，制订改进措施，改进缩绒工艺，保证订单进度的顺利进行。

第三节　毛织服装染色

一、毛织服装染色的作用

毛织服装经过缩绒、水洗后直接染色的工艺过程称为成衣染色。染色不仅可以使成衣的色泽鲜艳、手感柔软、绒面丰满、弹性好而且服用时缩水率减小，并且还可以减少织物上的色花、污渍等各种疵点，产品品质得到提高，成衣染色常用于本白兔毛和羊毛混纺或羊仔毛等粗纺毛织服装。

二、毛织服装染色工艺流程

毛织服装染色的流程是：成衣→洗水→缩绒→清洗→脱水→染色→清洗脱水→烘干→熨烫定型。

成衣染色工艺还包括制定染色配方、浴比、温度控制要求等见表3-2。

表3-2　染色工艺表

	配方	比例	温度控制曲线
强酸性浴酸染料染色	酸性染料	x%（浅色1%以下，中色1%~3%，深色3%以上）	40~45℃ 助剂 染料 织物 1℃/min 100℃ 65~75min 100℃清洗 45℃ 出机
	硫酸	2%~4%	
	结晶元明粉	10%~20%	
	染液pH值	2~4	
	浴比	1：（30~40）	
弱酸性浴酸染料染色	酸性染料	x%（浅色1%以下，中色1%~3%，深色3%以上）	45~50℃ 助剂 染料 织物 1℃/2min 100℃ 40~60min 100℃清洗 45℃ 出机
	匀染剂	0~0.5%	
	冰醋酸	1%~2%	
	结晶元明粉	5%~10%	
	染液pH值	4~6	
	浴比	1：（30~40）	
中性浴酸染料染色	染料	x%（浅色1%以下，中色1%~3%，深色3%以上）	50~55℃ 助剂 染料 织物 1℃/2min 95℃ 40~60min 95℃清洗 45℃ 出机
	硫酸铵	2%~4%	
	红矾钠	0.2%~0.5%	
	染液pH值	6~7	

三、毛织服装染色对跟单员的要求

1. 建立跟踪资料夹

跟单员在毛织服装成衣染色的整个过程中，要跟进进度、统计产量、记录时间，同时要建立一个生产流程跟踪资料夹，用于记录染色过程中每一道工序的生产情况。将生产工艺单、生产通知单、客户批复样、染色流程表放入其中，便于这些单证在传递时容易携带、便于保管、防止资料损坏或丢失。跟单员根据这些表单，可以随时查阅工作内容，了解生产情况和进展。在成衣染色过程中，最重要的工作是品质控制，生产人员的操作、生产工艺、生产设备状态、所用染料的质量以及生产管理等因素，都会对产品质量产生影响。因此在成衣染色时，需要技术部门、生产管理部门、品控部门共同协作，以保证产品质量达到客户的要求。跟单员在这个阶段需用到订单生产计划表，该表的作用是跟单员记录每一个染色款式的跟进情况，订单生产计划表见表3-3。

表3-3　订单生产计划表

客户	单号	批号	品种	成品规格	颜色	成品数量	交货时间	加工方式	生产时间	完成时间
合计：										

制单：　　　　　　审核：　　　　　　　　跟单：　　　　　　　日期：

2. 使用染色生产工艺单

一位跟单员在跟单时有可能同时跟进不同客户的多个订单，各个订单之间的进度安排有可能产生冲突，因此要协调各部门之间的关系，特别要处理好与客户之间的信息沟通，以保证既能够服务好客户又能够完成订单。由于染色过程工序长、环节多、跟单工作量较大，因此要使用染色生产工艺单，见表3-4。在染色过程中，跟单员应多在一线车间跟进工作进度，及时收集整理。

表3-4　染色生产工艺单

客户单号：_____　　　　　　客户单号：_____
生产单号：_____　　　　　　生产加工厂：_____

标准色样	技术资料		缸号（批号）
粘贴处	产品种类		
	成品规格		
	成品数量		
	前处理	时间_____ 配方_____ 温度_____ 浴比_____	

染色工艺

颜色_____　色号_____　温度_____　时间_____
浴比_____　液量_____　pH值_____　机台_____

A_____
B_____
C_____
D_____
E_____
F_____
G_____

升温曲线

后整理	整理方法 _____ 使用设备 _____ 时间_____ 温度_____ 整理剂配比 _____ _____	定型工艺	机台_____ 机型_____ 机速_____ 温度_____ 时间_____ 拉伸率_____ 横向_____ 纵向_____	检验要求	
			定前规格		
			定后规格	工艺制订 　　　　　年　　月　　日	

经理：　　　　　　　　　　技术主管：　　　　　　　　　　跟单员：

　　跟单员要随时掌握各个订单的进度情况。特别是产量和质量情况，应随时向上级汇报，并能及时处理所出现的问题。跟单资料的收集整理要认真仔细，重要的数据要计算准确，避免出现遗漏和差错。

　　3．跟进染色进度

　　跟单员还应该注意协调好试样染色与大货生产之间的进度关系，试样染色的同时，可根据订单的要求预先安排好生产的准备工作，在客户批复认可的样品后立刻投入生产，从而节省时间并提高效率，达到按期交货的目的。

　　在整个染色过程中，跟单员应该妥善保管好跟单过程中的各类资料，尤其是客户对某些情况的批复、意见、答复等信息资料，应以书面形式存档，这类资料是跟单的重要依据，避免日后产生不必要的纠纷。

第四节　毛织服装防起球、防缩处理

一、毛织服装起毛起球的原因

毛织服装在穿着过程中，会因和身体及外界物体相互摩擦而出现起毛、起球的现象，使得织物的外观和服用性能受到严重影响，特别是在采用精纺全羊毛粗针织服和仿毛长纤维织物中最为常见。

织物表面起球，是构成织物纱线纤维中的游离纤维和支撑纤维相互缠结后，逐渐聚集，形成颗粒状毛球，形成的毛球很容易黏附杂物，从而影响整件成衣的外观。

二、毛织服装起球的因素

毛织服装起球因素有三大因素：一是纱线因素，二是构成织物组织结构的因素，三是横机编织机规格号型的因素。

1. 纱线因素

（1）纤维性能的影响。纤维的卷曲波形越多，在低捻粗支纱加捻后，纤维的弹性就越好，因此会很容易从伸展状态恢复到卷曲状态，从而使纤维的抱合不紧密，在织物表面相互摩擦的过程中，纤维就容易从纱线内部滑出，在织物表面形成毛绒，容易交缠起球。纤维的细度越细，柔软性越好，其卷曲波形也必然多，也容易起球。纤维的强度越高，其纤维越不容易磨短脱落，织物表面起球现象就越严重。

（2）毛纱结构的影响。纱线捻度大，不易起球，捻度弱的纱线，则容易起球，但是不能为减少起球现象而提高捻度，高捻度会使得毛织服装的柔软性降低。合股纱由于并捻的作用力，使单股纱的毛绒不易外露，并捻纱线的光洁度也比单股纱高，所以合股纱线相对比单纱起球少。

2. 织物组织结构的影响

横机毛织服装的结构组成比机织物疏松，单位面积内承受摩擦的纱线根数少，容易起球。结构紧密、表面平整的毛织物不容易起球。

3. 横机编织机规格型号的影响

在进行毛织服装编织时所使用的横机规格型号决定了织物的密度、组织。高机号（12针横机以上）的毛织物密度、组织点比低机号（3针、5针横机）的织物密度大，组织点多，因此，同样的组织结构，高机号编织的织物不易起球，低机号编织的织物容易起球。

三、防起球的后整理

在进行毛织服装生产编织前，企业对所用纱线、织物组织结构引起的起球现象进行检验并按实际生产经验，选择合理的工艺设计，会对减少织物起球有一定作用。防起球的有效方法是：

1. 进行轻度缩绒工艺

提高纱线捻度，增加织物密度，进行轻缩绒、烧毛、剪毛等工艺来控制织物表面绒毛的产生。经过轻度缩绒的织物，毛纤维的根部在纱内产生毡化，纤维间相互交缠，增加了纤维间的抱合力，使纤维在摩擦时不易滑出，从而减少了起球现象，轻度缩绒防起球整理工艺见表3-5。

表3-5　轻度缩绒防起球整理工艺表

内容	浴比	温度（℃）	pH值	溶液和助剂	时间（min）	备注
毛织服装浸润	1:20	35	7	水	5~8	按纤维特性预洗一次，根据织物厚度
缩绒	1:20~30	30~35	7~7.5	净洗剂0.2%~0.5%	3~8	
清洗		25		水	5	
脱水						
烘干		85			20~45	

2. 纱线上树脂工艺

纱线上树脂工艺是绒毛不容易滑位移动让纱线毡结，利用树脂在纤维表面交链成膜的功能，增加纤维间的摩擦，减少纤维滑移。采用树脂整理后的毛织物可以提高抗起球级别1~2级，树脂防起球整理工艺见表3-6。

表3-6　常用树脂防起球整理工艺

内容	浴比	温度（℃）	树脂和助剂	时间（min）	备注
浸液	1:30	25	树脂、渗透剂	25	控制含水率
柔软	1:30	30~40	0.5%~1%	30	
脱水					
烘干		85~90		20~40	

四、毛织服装防缩整理

由于编织毛织服装的纱线具有缩绒性，会使毛织服装在机洗过程中产生毡缩甚至毡并现象，这就会破坏毛织服装的外观品质，为了改善毛织服装在洗涤过程中的毡缩现象，必须对其进行防缩整理。

防缩整理是通过破坏毛纤维表面的鳞片，或进行覆盖两种方法来进行，从而消除毛纤维的定向摩擦效应，使毛织服装达到耐洗的效果。在防缩整理时，可以参考毛织物的收缩标准，见表3-7。

表3-7　毛织物的收缩标准

项目			标准	
			单面毛织物	双面毛织物
手洗	松弛收缩		纵向收缩率最高10% 横向收缩率最高5%	纵向收缩率最高5% 横向收缩率最高5%
	颜色牢度（级）	水浸润	色泽变化程度　　3	3
			染色羊毛　　3	3
			染色棉　　3	3
机洗	松弛收缩			
	毡化收缩：在15L Cubex 洗涤剂中洗涤60min，温度40℃		面积收缩率最高10%	面积收缩率最高5%
	颜色牢度（级）	皂洗	色泽变化程度　　3	3
			染色羊毛　　3～4	3～4
			染色棉或锦纶　　3	3
超级耐洗	松弛收缩		纵向收缩率最高10%	—
			横向收缩率最高5%	
	毡化收缩：在15L Cubex 洗涤剂中洗涤180min，温度40℃		面积收缩率最高10%	面积收缩率最高5%
	颜色牢度（级）	皂洗汗渍	色泽变化程度　　3～4	3～4
			染色羊毛　　4	4
			染色棉　　3～4	3～4

毛织服装防缩的方法主要有氯化法、树脂涂层法、氯化树脂结合法、蛋白酶处理、等离子体处理等工艺手段。目前采用较多的是氯化树脂结合的方法，此方法可以使毛织服装达到"超级耐洗"的标准。其工艺流程为：毛织服装→前处理（洗涤）→氯化→脱氯→水洗→上树脂→柔软→处理→脱水→烘干→整烫定型→成品。

五、跟单员在毛织服装防起球、防缩整理过程中的职责

毛织服装防起球处理一般是在服装编织成型后的阶段进行，跟单员在样衣后整理以后，及时查验样衣的整理效果，除了毛织服装尺寸、手感以外，还要留意表面的起球情况，视起球的严重程度，及时调整整理工艺的方法，满足客户的标准及产品质量检验要求。

思考与练习

1. 毛织服装工艺制订的方法及要求有哪些？
2. 毛织服装生产流程跟单的主要工作内容有哪些？
3. 毛织服装缩绒、拉毛的工艺的注意要点是什么？
4. 毛织服装染色的工艺、成品染色跟单注意事项有哪些？

毛织服装质量检验

课题名称： 毛织服装质量检验

课题内容： 毛织服装质量安全与技术要求
毛织服装疵点及检验

课题时间： 8课时

教学目的： 掌握毛织服装生产流程各个过程中的质量控制方法，
了解品质控制员的工作职责和岗位要求。能识别毛织
服装生产中产生疵点的原因及对产品疵点的合理处理
方法。

教学方式： 以理论授课为主，结合案例教学并进行讨论。

教学要求： 1. 掌握毛织服装疵点产生的原因和疵点类别。
2. 掌握毛织服装生产过程中的质量控制。
3. 掌握毛织服装质量检测的规范和方法。

第四章　毛织服装质量检验

随着人们消费水平的提高，对产品质量的要求越来越高。所以企业在生产制造加工阶段，都要按照国家标准和行业标准对每一道加工工序进行严格的品质管理，并且由专人负责质量检验，保证最终产品的质量。毛织服装的质量控制管理有内在质量控制和外在质量控制两个方面，每个方面所需要的检测手段和方法是不相同的。企业参与管理与生产的每位成员，都应该有严格的质量意识，从而提高产品的市场竞争力，树立企业形象。

第一节　毛织服装质量安全与技术要求

一、成品质量检验

毛织服装成品质检是成衣出货前的最后一道质量控制环节。成衣内在的质量随工艺、设备的确定而相对稳定，外观质量则随客户的要求、产品的档次及相关因素的变化而不同。加工企业的质量检验内容和标准要求必须以客户提出的或双方商定的标准为最终的质量要求标准。在贸易过程中，企业根据产品的用途或购货方给予的价格等条件与购货方在合同或协议中规定的产品质检的内容和标准也有不同。

成衣质检的标准是企业制订的成品标准是成衣检验时的基本依据，是根据相应产品的国家标准或行业标准。毛织服装成衣检验的依据：我国颁布的《毛针织品》（FZ/T 73018—2002）、《低含毛混纺及仿毛针织品》（FZ/T 73005—2002）、《羊绒针织品》（FZ/T 73009—1997）等一系列行业标准，以及《国家纺织产品基本安全技术规范》GB 18401—2003等国家强制性标准制订的。

二、成品质量安全性的要求和控制

毛织服装在纺纱、印染和后整等过程中要加入各种表面活性剂、染料、助剂等整理剂，这些整理剂中或多或少地含有对人体有害的物质。当有害物质残留在纺织品上并达到一定量时，就会对消费者的皮肤甚至健康造成危害。因此，我国对毛织服装产品提出安全性的生态环保国家强制标准，使毛织服装在生产、流通和消费过程中能够保障人体健康和人身安全。

（一）安全技术文件

2003年我国制定了《国家纺织品基本安全技术规范》（GB 18401—2003），为了保证纺织品对人体健康无害而提出的最基本要求，规定产品必须达到安全技术要求，否则为不合格产品。

（二）产品质量安全性控制

1. 原材料的质量控制

要严格检测控制原料的安全性。进厂的纱线必须要经过安全性检测，检测合格的原料方可进厂生产。

2. 络纱质量控制

要控制络纱时使用的表面活性剂的安全性。络纱中使用的油剂、抗静电剂等要符合安全性要求。

3. 染洗质量控制

要控制好染色及洗涤过程中使用的洗剂、助剂、燃料等化学试剂的安全性。首先要考虑其安全性，其次才考虑效果和成本因素。

4. 验针质量控制

对于每件产品都要进行验针检测，通过验针后，产品装箱准备发货，以防毛织服装编织过程中织针断针残留针头对消费者造成伤害。

三、毛织服装生产流程质量控制

在产品完整的生产流程中，必须安排专门的部门或人员对订单生产进行有效的质量控制，确保产品符合质量标准。企业中负责质量的人员称为QC（Quality Control），意为质量控制，主要的工作内容是在订单生产的各个阶段，对产品生产的质量进行检查、控制，发现纠正生产中影响产品质量的问题，采取改善与预防措施，检测产品质量情况，编写检验报告，并向加工厂、客户、部门进行信息反馈。

（一）毛织服装成衣各阶段QC品控的职责

1. 原料进厂阶段

原材料购入生产企业后，对原材料进行品质检查后入库，再根据生产的需要按批按号配发至生产部门，同时仓管还要及时跟进材料的损耗、使用量等信息，便于后期保证缝盘用料，其流程为：原料检验→入库→发料→织片→收片及统计消耗→半成品检验修补→移交缝盘。

在原料进厂阶段，为保障后期生产能顺利进行，要对准备使用的毛纱进行检验，并且在织片完成后，进行拉力测试，测试完成后需要等级数据，并且需要出具报表，见表4-1。

表4-1 织机验货拉力报告表

工厂			批号				日期		
种类	组织	颜色	码数	要求字码	大货字码	对比 （+或−）	要求全 长拉力	大货全 长拉力	对比 （+或−）
衫脚									

续表

工厂			批号				日期		
种类	组织	颜色	码数	要求字码	大货字码	对比（＋或－）	要求全长拉力	大货全长拉力	对比（＋或－）
前幅									
后幅									
袖									
领									
胸贴边									
QC签名：			主管签名：				查货日期：		

本阶段QC检查的主要工作内容有：

（1）必须对进厂毛纱进行质量检验，未经检验或检验不符合标准的毛纱，不得配发到生产部进行生产。

（2）按批号、色号对进厂毛纱进行质量检验。项目主要有大绞重量、线密度偏差、条干均匀度、色差、色花等，发现问题应及时反馈给技术部门和生产车间，并采取相应的补救措施。

（3）检查毛纱库存。是否有破包污损、虫蛀、霉变等现象。

（4）检查毛纱结头。在毛纱结头不脱散的前提下，应该尽量的小。

（5）检查毛纱装袋的标签。不同批号、色号和缸号的毛纱其色差、色花应符合标准样。

（6）检查织片。织片针路线圈要清晰，尽量减少织疵。织疵部位需标识出来。

2. 织片缝盘阶段

在织片完成以后，进入缝盘流程，其检验的流程为：缝盘合身（包括拆纱、开衫开剪）→合身检验→绱领→检验→移交挑撞工序。

缝盘是重要的工序之一，但是由于缝盘员工技术原因，或因疏忽大意，或因机器故障等会导致缝盘阶段产生疵点而不符合产品质量要求，质量控制部门要制订《缝盘标准操作指引》指导缝盘员工的规范操作（表4-2）。

表4-2 缝盘标准操作指引

序号	作业顺序	作业重点（注意）	质量特征	作业示意图	备注
1	机器功能检查	开始工作时要先检查机器运转是否正常：皮带是松是紧；各部位螺丝有无松动；有无物体卡住；是否有油渍；盖好保险盖；剪刀、钩针整齐摆放在工具盒内，在确保机器正常后方可进行工作			
2	生产前的准备工作	开始新产品生产前缝盘操作员应了解质量要求及注意事项	注意相应的批号、缸号和件数		质量注意事项
3	缝盘允许误差范围	在不影响质量的前提下，可以接受缝盘时多缝或少缝半支边至一支边			多缝半支边
4	上膊	缝盘员取待缝衫片，要根据需要放于适当位置，取一片衫片按满尺寸上盘，取另一衫片与之缝合在一起，缝好后上另一边膊，方法相同。如有膊带，再上膊带，操作员工缝完一打衣片后，将衣身片送至指定区域	刚烫好的衣片一定要规范摆放平整，以免影响衣片形状、尺寸		
5	锁眼	取待锁眼的织片，按订单要求进行锁眼			
6	绱袖	缝盘员取待缝衫，由袖窿（夹）位开始上盘，按要求缝合，缝好一打衫后，将衫送到指定区域			

序号	作业顺序	作业重点（注意）	质量特征	作业示意图	备注
7	埋夹	缝盘员取待缝衫，由衫脚（下摆）开始均匀刮边（每个线圈套在缝盘针上）上盘，按要求缝合；缝好一打衫后，将衫送至指定区域			
8	缝领、缝衫脚、袖嘴、胸贴边	缝盘员取待缝衫和相应吓栏，吓栏先上盘，根据尺寸要求将衫均匀缝合，缝好一扎衫后将衫送至指定区域，缝衫脚、袖嘴、脚衩、胸贴边方法和缝领方法相同			

备注：

1.不常见工序如缝定型带等方法由组长根据订单需要确定。

2.缝唛头部位由组长根据订单要求确定。

3.以上操作方法为通常情况，如特殊款式由组长根据实际需求决定具体方法。

在进行中检时，要及时按照企业要求，填写《缝盘部质量检查统计表》，见表4-3。

在缝盘阶段，质量控制检查的重点如下：

（1）检查是否有漏眼。织片挂在缝盘织针上的线圈不准确在拆纱后会产生漏眼。要减少或避免此现象，应该提高员工的操作熟练程度，定期对缝盘机进行检查维护。

（2）检查对位是否准确、衫片是否织错等。轻微疵点通过修改或要求缝盘员工多加注意，严重者需要重新缝合。

（3）检查缝线的松紧度。若缝合前没有测试缝线的弹性是否和织片相同，会导致缝盘员工缝合后因洗水缝线收缩，形成扭曲。缝线过松则会导致缝合位置爆开，缝位外露。

（4）检查是否有跳线现象。械件保养不良或故障形成某一部分或多处未缝合，并且缝线散脱，应退回缝盘部重新缝合。

（5）出具缝盘验货报告表，见表4-4。

3. 挑撞阶段

挑撞阶段品质管理员的工作流程为：挑撞→挑撞检验→照灯检验修补→移交后整理工序。

在挑撞阶段，质量管理控制（QC）部门要制订《挑撞标准操作指引》（表4-5）、《查挑标准操作指引》（表4-6），来指导挑撞员工的规范操作。

（1）查圆领款领型时止口不能太大，一定要挑平。

（2）查杏领款领型时，领型不能有大小边。

（3）串贴一定要平整，不能有高低的现象出现。

（4）查看拆纱不能有毛头。

（5）查看线头是否拉直。

表4-3　缝盘质量检查统计表

日期	批号	制单数	检查数	领不圆顺	吓栏偏高	左右袖不对称	下摆不平齐	V领领口有大小	缝线爆缝	间色不对齐	胸贴边长短不一	漏针眼	上袋不对称	缝边大小不一	吓栏分针不均匀	缝线大松或大紧	合计	不良率（%）	处理方法	备注

（6）查包四平贴是否对针数，两边是否一样。

（7）查挑拉链、挑袋口是否两边水平，不出现高低。

表4-4　缝盘验货报告表

客户		批号		毛料成分		工序	
款号		工厂		开缝人数		完成数量	
针种		生产数量		预计人数		抽查颜色	
颜色		发缝交期		缝盘进度		抽查码数	
款式				预计完成期		抽查数量	

大货生产质量要求

1．所有缝盘外机要按照吓数及样板要求复板合格后方可进行大货的缝制

2．大货如有爆缝、跳针、断纱、下摆高低不平、分针不均匀、缝份拉缩、止口大小边、缝线过松或过紧以及用纱不对等质量问题由外发加工厂负责

3．在大货生产过程中，如发现有错码、不同缸、织片长短不一、缝盘用纱线不对等要及时通知跟单员及质量管理检查员

开缝针种		绱领尺寸		绱领要求	
开缝码数		缝下摆尺寸		领拉力	
缝盘用纱用量		缝袖嘴尺寸		缝线拉力	
缝盘用纱颜色		胸贴边尺寸		绱领分针	
		肩位尺寸		挑撞方法	

缝盘查货发现问题	轻微	严重	总数
挑撞查货发现问题			

对板是否正确：□是　　　　　　□否

查验结果：　□合格　　　　□不合格　　　　□待复

总结：

本次查货报告仅仅是随样品抽查的结果，并不代表外机可以免除包括在以上内容里面的其他疵点责任，外发加工厂应修正查货时间发现的所有疵点

QC查货员签名：	QC主管签名：	查货日期：

表4-5 挑撞标准操作指引

序号	作业顺序	作业重点（注意）	质量特征	作业示意图	备注
1	摆衫	每批、每色，先做好一件给QC查验确认后才可以开始做大货			
2	拆纱	拆纱后必须拔眼，打结要修线且分开勾在衫身底面			
3	拉眼	领贴、袖咀、衫脚不能修线过紧。挑领贴、袋口要平顺，不能有松紧不一的现象			
4	拆纱	拆纱不能起耳仔、有抽缩现象			抽耳仔
5	挑领	挑脚、挑领贴必须要对坑、对支			
6	清毛线头	用纱剪将线头清理干净，注意不能剪破织片			剪线头

表4-6　查挑标准操作指引

序号	作业顺序	作业重点（注意）	质量特征	作业示意图	备注
1	查挑夹下	双手对称拉夹下缝线，爆缝、漏针需作记号	不能爆缝、漏针		漏针
2	查挑夹圈	双手对称拉夹圈缝线，爆缝、漏针需作记号	不能爆缝、漏针		爆缝
3	查挑领尖	作记号，左手食指、中指并拢，无名指、大拇指并拢夹住机号线，右手拿钩针将记号线打在疵点旁边	要尽量避免使用深色或容易脱色、脱毛的记号线		与衣身有对比浅色毛线
4	查挑夹底	双手对称拉夹底，有松处要加针需打记号线	夹底不可松		缝线松
5	查挑膊头	双手对称拉膊头，看袖子与膊头的缝位处，有漏针、爆缝的需要打记号线	不可爆缝、漏针		膊头位爆缝

4. 后整理阶段

在后整理阶段QC工作的流程为：洗水→脱水→烘干→整烫→量尺→成衣。在后整阶段，QC工作内容：

（1）检查洗水设备是否运转正常，洗水工是否及时清洁洗水设备。

（2）检查是否按正确的洗水流程、洗水次数正确洗涤。洗水工要按照《洗水工序标准操作方法》进行洗水（表4-7）。

（3）检查烘干工是否按照《烘干操作规程》（表4-8）。进行毛织服装的烘干，烘干工要熟悉各种材料产品的烘干温度及时间，避免因烘干时间过长，导致材料变质。不同毛织产品烘干温度及时间表见表4-9。

（4）检查毛织服装衫面是否平整，绒面应该丰满，没有板结现象。

（5）整烫后的毛织服装应该手感柔软、无极光现象。

表4-7 洗水工序标准操作方法

序号	作业顺序	作业重点（注意）	质量特征	作业示意图	备注
1	洗水前，确认设备清洁	（1）每次上班开洗前，要先将机器彻底清洗一次 （2）检查水质是否符合洗水要求 （3）检查机器设备是否运转正常	（1）确保洗机内没有任何毛尘或污垢污染大货 （2）确保洗水的水质各项指标符合洗水要求		水质pH值检测并记录
2	洗水	按照洗水方法规定的步骤添加洗涤剂，设定水温及机器运转时间	只有严格按要求操作方可确保同一批货同一颜色洗出统一手感		
		根据各款式的洗水要求，正确使用冷水、热水、气开关	水温的高低可直接影响去污效果，尺寸大小，手感及颜色变化		
3	洗涤剂	（1）确保所用洗涤剂存放区都有二次容器 （2）确保每种洗涤剂都有清楚的《说明》标识 （3）确保所有洗涤剂桶除使用时，其余时间都处于封闭状态	所有洗剂如果长时间暴露在空气中都会直接影响洗涤功效，更加容易挥发，影响人体健康		

续表

序号	作业顺序	作业重点（注意）	质量特征	作业示意图	备注
4	脱水	（1）在机器无操作的情况下，要按停止开关 （2）在脱水机运转时，需要将盖关好 （3）在按停止开关后，还需要拉刹车杆，让机器慢慢停止	（1）脱水机的转速会直接影响脱水效果 （2）脱水机工作时调整转动，如不盖好机盖，机内物件有可能高速甩出伤及人员 （3）脱水时尽量将衣服卷成一团，可有效避免因脱水而造成毛衫破损		
5	烘干衣	烘干成衣	干衣时温度高低及时间长短的设定可直接影响成衣的尺寸及起毛程度，当温度过高时甚至会影响衣服纤维的质地		

表4-8 烘干机安全操作规程

工作前	工作前必须穿戴好劳保用品
	开机时，必须检查烘干机各传动部位是否正常
	烘干机工作时，必须随时观察各部位是否正常工作
工作中	烘干机工作中出现任何异常情况，应该立即停机，并及时向生产主管汇报
	设备运转时严禁使用手或工具触摸烘干机内部构件，以免发生安全事故
	严禁在烘干机上烘干其他物品，在烘干机上不能放置与工作无关的杂物
	严禁携带易燃易爆的物质接近烘干机，避免产生安全事故
工作后	烘干机切断电源后，必须清洁设备及工作区域卫生
	不同材料型号的成衣，一定要区分开

表4-9 不同材料产品烘干温度及时间表

序号	产品的材料类型	烘干温度（℃）	烘干时间（min）	吹冷时间（min）	备注
1	丝光棉	75	35	15	
2	人造毛	60	15	5	
3	羊毛	70	30	10	
4	棉麻	80	45	5	
5	棉	75	35	10	

5. 成衣阶段

在成衣阶段QC工作的流程为：照灯检验修补→整烫定型→量尺→移交成衣工序→钉标→打吊牌→成检、初检及修补→量尺→叠衫→终检→移交包装工序。

在成衣阶段，QC按照制订的《查补查污检验规范》（表4-10）、《查缝检验规范》（表4-11）来指导员工的工作。

（1）检查定型后的毛织服装各部位尺寸是否符合客户生产工艺单确定的尺寸，尺寸偏差要在公差范围内。

（2）有领毛织服装领口要正，不歪斜，与领口中心线对称。

（3）门襟应直而平，外门襟与内门襟应叠齐，没有高低、弯曲、吊门襟的现象。

（4）袖窿位置应左右对称，大小、宽窄一致。

（5）下摆要平整，不能有月牙形状，应是一字型。

（6）袖子不能有长短、宽窄。袖肩连接处针迹不能歪斜，袖子倾斜度自然，袖口罗纹有弹性。

表4-10 查补查污检验规范

序号	内容
1	查看衣物是否清洁，衣服上不能沾污渍
2	需要绣花的部位不能有多余绣花线，并且绣花线不能有打结现象
3	色差是否依旧存在，不能有花毛现象
4	所有线头、线尾一定要收好剪顺
5	绷边、抽缩现象不能存在
6	缝线松紧要适度，熨烫后不能爆孔，不能有歪斜现象
7	钉珠毛织服装一定要检查珠子，珠片是否钉牢，还要查看钉的珠子、珠片是否变色或脱落
8	不能有烂边、花针的现象
9	有间色的毛织服装间色一定要对应，缝盘不能漏眼，不能有粗细毛
10	检查唛头是否正确，烫好的毛织服装成衣，造型要完美
11	检查其他工序是否完整

表4-11 查缝检验规范

序号	内容
1	立领底、面支针对齐，间色两边要对称，落盘容位不可有拉开或鼓起现象，所有立领无论是单层或双层，领拆纱后，在间纱的对位出后不可有高低错位，包领止口不能有杂纱，以免洗水后会染上其他颜色，绖"V"型领两边要保持"V"字形，不能大小不对称
2	领型要圆顺，不可起翘或歪斜，缝缝水平线不能超过0.3cm，缝单层领止口包入不大于0.6cm，缝双层领止口包入不可大于1.2cm，领缝好之后领拉力不可小于30cm，缝线要美观
3	缝袖刮边❶要顺直，不能有漏边，漏针。袖底平位处的缝份不能太大，转角位置要圆顺，绖袖夹跟袖收针位置要平顺，不歪斜
4	缝袋位置要正确，左右袋高低要一致，缝袋位处衣片不能有多余容位❷，要对支❸、对间❹、对花。暗线明袋袋脚要圆顺，不能歪斜，左右袋水平差位不超过0.3cm
5	肩位左右尺寸要一致，两边肩斜尺寸互差不大于0.6cm，对支、对坑❺、对间色、对花、对格子。肩位不能有错位，肩带要同一颜色
6	锁眼缝线颜色要跟衣身一致，缝线不能过松，单层领不能松紧不一，双层领位不能太紧，拉力不小于32cm
7	绖袖衩贴要分左右袖，穿着时袖衩位置应该在后幅，绖袖刮边应该在有花型部位向下1.2cm
8	胸贴两边间色要对称，不能有高低差或容位鼓起现象，胸贴内包边止口不能太宽，贴包衣片下摆处要定位量尺寸，左右互差不能大于0.3cm，左右胸贴间色互差不能大于0.2cm
9	夹贴左右要一致，间色位前幅要与前幅对称，后幅与后幅对称。单层夹贴刮边止口不能超过0.6cm，双层夹贴包止口不能超过0.9cm。缝线要适中，不能太紧或太松
10	半胸贴重叠位不可弯曲或两边鼓起，左右对称不可有长短差，重叠位要顺直，要分清男装、女装重叠位置不相同，正确的做法是男装左叠右，女装右叠左
11	绖下摆衩位脚不能太长，太长会起皱，也不能太短，太短会吊起，贴与衣身要顺缝不能错位拉长，前后衩位位置水平差不能超过0.3cm
12	埋夹❻刮边要前后一致，不能容位太多，埋夹前要对支、对坑、对间色，不可有高低差或漏边

6. 包装及验货阶段

在包装验货阶段品质控制员（QC）工作的流程为：包装→验断针→写箱唛→装箱→查箱→入库。

在包装阶段，QC工作内容：

（1）检查包装人员是否按照客户要求的包装方法进行包装。

（2）包装好的成衣必须要过验针机检验。

（3）成衣、胶带、吊牌、挂衣架所示尺码是否一致。

---

❶ 刮边：缝盘操作的一种工艺手法，操作者将衣片缝份处的线圈完整的套在缝盘针上的一种操作。

❷ 容位：没有对支缝合而造成的衣片不平，凸起的现象。

❸ 对支：毛织服装专用语，"支"与"线圈"相同，对支可以理解为对线圈。

❹ 对间："间"指间色，是两种或以上的不同颜色纱线有规律的排列。对间指毛织服装一片链接处，相同颜色处于同一位置，达到视觉美观及平衡的效果。

❺ 对坑："坑"指坑条。对坑指不同衣片衔接处的坑条对齐，达到视觉美观及平衡的效果。

❻ 埋夹：袖底缝位缝合，侧缝缝位缝合。

（4）箱唛信息是否正确。

（5）装箱数量、颜色、方法是否正确。

毛织服装成品质量技术要求包括两部分，成品的内在质量和成品的外观质量。企业应根据所检验成品质量的指标，依据企业的内控成品质量标准对其进行评价。企业的成品质量标准是依据国家标准和行业标准制订的，企业的检验标准一般要高于国家标准。

成品内在质量是指产品的各种物理指标和化学性能，是在实验室用仪器检测方法与标样对照方法确定，根据实验数据，依据国家标准进行内在质量评定等级。

内在质量的评定等级以批次为单位，用物理指标和染色牢度综合评定，检验成品内在质量的指标有纤维含量、单件重量偏差、顶破强度、腋下接缝强力、pH值、水洗尺寸变化率、耐洗色牢度、耐汗渍色牢度、二氯甲烷可溶物质、松弛收缩、毡化收缩等。常见的内在质量检验，是按交货批次分别按品种、色别、规格尺寸随机取样4件，取样比例不足时可增加取样件数。等级分为优等品、一等品和合格品。

外观质量是指产品外表呈现的各种品质，包括款式、花型、表面外观、色泽、手感、做工等。由QC根据国标评等采用手感、目测、量尺和与封样比照方法对毛织服装逐件评定。外观质量的评定等级以件为单位，检验内容包括外观物质量、规格尺寸允许偏差、伸长率、领圈拉开尺寸，缝份抽缩等外观疵点。在进行质量检测时，按交货批量、品种、色别、规格尺寸随机取样，采用合格质量水平（AQL）通用标准进行抽样数量检测，并且按照查货的严格程度分为正常抽检、加严抽检、放宽抽检，抽样的标准见表4-12～表4-15。在中期查货时，一般电脑横机织物采用的为AQL10.0标准，缝盘、挑撞采用AQL6.5标准。当抽查第一批样本时，有疵点毛织服装数量恰好在接受与不接受之间时，要有针对性的再去抽查，比如某一个部位尺寸跟订单有较大偏差QC可以不查其他位置，只查验与订单有较大偏差的此位置。对于严重的错误或三个非严重错误出现在同一成品上，如衣片破烂、色差、错颜色组合等，QC应该对已完成的货品要求全部返工。对于非严重错误，如多余线头、飞毛、毛结未收好等，QC要求加工厂后期改善品质。特别要注意，如查货中发现毛织服装上有断的针头、大头针或任何尖利的东西，均需要加工厂全批返工检查，以确保清除上述危险物品。

每批订单产品当厂方装箱达八成以上，一定要按AQL2.5（普通标准）、AQL 4.0（高标准）查尾期，在抽样时，必须有系统、有代表的从5个以上箱内抽取样本，但中期查货则可根据实际情况抽取适当的样本进行检查。

《系统抽样检验标准》（GB/T 2828.1—2003）属于调整型计数抽样方法或标准，它可以在连续批产品质量检验中，根据产品质量水平状况，随时调整抽检方案的严格程度。标准中抽样方案包括五个要素：批量、合格质量水平、检查水平、检查次数及严格程度。其中表4-12所示中批量分为15档，用来确定样本数量和一次、多次正常检验，加严检验，放宽检验抽样方案的接收数 Ac 和拒收数 Re 数量。检验水平分为两类，见表4-12，一类是特殊检查水平，用于样本数量较小的情况，分为S-1、S-2、S-3、S-4四级；另一类是样本数量大，一般抽查水平分为 I、II、III 三个等级，除非有特别规定，一般采用 II 级检验水准，需要较高检验时，采用 III 级水准来检验。

例如，某款订单数量为5000件，确定的标准为AQL=2.5，检查水平为 II 级，那么正常检验一次抽样方案为：

（1）在样本量字码表4-12中查出N=5000件属于（3201～10000）范围，其所在的行与检验水平Ⅱ所在的列交叉格中的样本量字码为L。

（2）因为是正常抽样方案，按表4-13进行检索，由样本量字码L向右，可以看到样本量n=200件。

（3）代码L所在行与规定的AQL值2.5%所在列查到接收数和拒收数为10件和11件。

因此得到结果，一次正常检验的抽样方案为：n=200，Ac=10，Re=11。含义为：从5000件成品中随机抽取200件进行检验，如果有10件以下不合格品，则判定为合格批次；如果有11件以上不合格品，则判定为不合格批次，予以拒收。

其他的标准如需放宽检验或加严检验，则根据实际情况使用方案，其方法跟上述例子相同。

表4-12　样本量字码表

批量	特殊检验水平				一般检验水平		
	S-1	S-2	S-3	S-4	Ⅰ	Ⅱ	Ⅲ
2～8	A	A	A	A	A	A	B
9～15	A	A	A	A	A	B	B
16～25	A	A	B	B	B	B	B
26～50	A	B	B	C	C	D	E
51～90	B	B	C	C	C	E	F
91～150	B	B	C	D	D	F	G
151～280	B	C	D	E	E	G	H
281～500	B	C	D	E	F	H	J
501～1200	C	C	E	F	G	J	K
1201～3200	C	D	E	G	H	K	L
3201～10000	C	D	F	G	J	L	M
10001～35000	C	D	F	H	K	M	N
35001～150000	D	E	G	J	L	N	P
150001～500000	D	E	G	J	M	P	Q
50001及其以上	D	E	H	K	N	Q	R

表4-13　正常抽检一次抽样方案

合格质量水平

样本量字码	样本量	0.010		0.015		0.025		0.040		0.065		0.10		0.15		0.25		0.40		0.65		1.0		1.5		2.5		4.0		6.5		10		15		25		40		65		100		150		250		400		650		1000	
		Ac	Re	Ac	Re	Ac	Re	Ac	Re	Ac	Re	Ac	Re	Ac	Re	Ac	Re	Ac	Re	Ac	Re	Ac	Re	Ac	Re	Ac	Re	Ac	Re	Ac	Re	Ac	Re	Ac	Re	Ac	Re	Ac	Re	Ac	Re	Ac	Re	Ac	Re	Ac	Re	Ac	Re
A	2	↓		↓		↓		↓		↓		↓		↓		↓		↓		↓		↓		↓		↓		↓		↓		↓		0	1	1	2	2	3	3	4	5	6	7	8	10	11	14	15	21	22	30	31
B	3	↓		↓		↓		↓		↓		↓		↓		↓		↓		↓		↓		↓		↓		↓		↓		0	1	1	2	2	3	3	4	5	6	7	8	10	11	14	15	21	22	30	31	44	45
C	5	↓		↓		↓		↓		↓		↓		↓		↓		↓		↓		↓		↓		↓		↓		0	1	1	2	2	3	3	4	5	6	7	8	10	11	14	15	21	22	30	31	44	45	↑	
D	8	↓		↓		↓		↓		↓		↓		↓		↓		↓		↓		↓		↓		↓		0	1	1	2	2	3	3	4	5	6	7	8	10	11	14	15	21	22	30	31	44	45	↑		↑	
E	13	↓		↓		↓		↓		↓		↓		↓		↓		↓		↓		↓		↓		0	1	1	2	2	3	3	4	5	6	7	8	10	11	14	15	21	22	30	31	44	45	↑		↑		↑	
F	20	↓		↓		↓		↓		↓		↓		↓		↓		↓		↓		↓		0	1	1	2	2	3	3	4	5	6	7	8	10	11	14	15	21	22	30	31	44	45	↑		↑		↑		↑	
G	32	↓		↓		↓		↓		↓		↓		↓		↓		↓		↓		0	1	1	2	2	3	3	4	5	6	7	8	10	11	14	15	21	22	30	31	44	45	↑		↑		↑		↑		↑	
H	50	↓		↓		↓		↓		↓		↓		↓		↓		↓		0	1	1	2	2	3	3	4	5	6	7	8	10	11	14	15	21	22	30	31	44	45	↑		↑		↑		↑		↑		↑	
J	80	↓		↓		↓		↓		↓		↓		↓		↓		0	1	1	2	2	3	3	4	5	6	7	8	10	11	14	15	21	22	30	31	44	45	↑		↑		↑		↑		↑		↑		↑	
K	125	↓		↓		↓		↓		↓		↓		↓		0	1	1	2	2	3	3	4	5	6	7	8	10	11	14	15	21	22	30	31	44	45	↑		↑		↑		↑		↑		↑		↑		↑	
L	200	↓		↓		↓		↓		↓		↓		0	1	1	2	2	3	3	4	5	6	7	8	10	11	14	15	21	22	30	31	44	45	↑		↑		↑		↑		↑		↑		↑		↑		↑	
M	315	↓		↓		↓		↓		↓		0	1	1	2	2	3	3	4	5	6	7	8	10	11	14	15	21	22	30	31	44	45	↑		↑		↑		↑		↑		↑		↑		↑		↑		↑	
N	500	↓		↓		↓		↓		0	1	1	2	2	3	3	4	5	6	7	8	10	11	14	15	21	22	30	31	44	45	↑		↑		↑		↑		↑		↑		↑		↑		↑		↑		↑	
P	800	↓		↓		↓		0	1	1	2	2	3	3	4	5	6	7	8	10	11	14	15	21	22	30	31	44	45	↑		↑		↑		↑		↑		↑		↑		↑		↑		↑		↑		↑	
Q	1250	↓		↓		0	1	1	2	2	3	3	4	5	6	7	8	10	11	14	15	21	22	30	31	44	45	↑		↑		↑		↑		↑		↑		↑		↑		↑		↑		↑		↑		↑	
R	2000	↓		0	1	1	2	2	3	3	4	5	6	7	8	10	11	14	15	21	22	30	31	44	45	↑		↑		↑		↑		↑		↑		↑		↑		↑		↑		↑		↑		↑		↑	

注：↓—使用箭头下面的第一个抽样方案。如果样本量等于或超过批量，则执行100%全检。

↑—使用箭头上面的第一个抽样方案。

Ac—接收数。

Re—拒收数。

表4-14 加严抽检一次抽样方案

合格质量水平（每个 AQL 列含 Ac 接收数 / Re 拒收数）

样本量字码	样本量	0.010	0.015	0.025	0.040	0.065	0.10	0.15	0.25	0.40	0.65	1.0	1.5	2.5	4.0	6.5	10	15	25	40	65	100	150	250	400	650	1000
A	2	↓	↓	↓	↓	↓	↓	↓	↓	↓	↓	↓	↓	↓	↓	↓	↓	↓	0 1	1 2	2 3	3 4	5 6	8 9	12 13	18 19	27 28
B	3	↓	↓	↓	↓	↓	↓	↓	↓	↓	↓	↓	↓	↓	↓	↓	↓	0 1	1 2	2 3	3 4	5 6	8 9	12 13	18 19	27 28	41 42
C	5	↓	↓	↓	↓	↓	↓	↓	↓	↓	↓	↓	↓	↓	↓	↓	0 1	1 2	2 3	3 4	5 6	8 9	12 13	18 19	27 28	41 42	↑
D	8	↓	↓	↓	↓	↓	↓	↓	↓	↓	↓	↓	↓	↓	↓	0 1	1 2	2 3	3 4	5 6	8 9	12 13	18 19	27 28	41 42	↑	↑
E	13	↓	↓	↓	↓	↓	↓	↓	↓	↓	↓	↓	↓	↓	0 1	1 2	2 3	3 4	5 6	8 9	12 13	18 19	27 28	41 42	↑	↑	↑
F	20	↓	↓	↓	↓	↓	↓	↓	↓	↓	↓	↓	↓	0 1	1 2	2 3	3 4	5 6	8 9	12 13	18 19	27 28	41 42	↑	↑	↑	↑
G	32	↓	↓	↓	↓	↓	↓	↓	↓	↓	↓	↓	0 1	1 2	2 3	3 4	5 6	8 9	12 13	18 19	27 28	41 42	↑	↑	↑	↑	↑
H	50	↓	↓	↓	↓	↓	↓	↓	↓	↓	↓	0 1	1 2	2 3	3 4	5 6	8 9	12 13	18 19	27 28	41 42	↑	↑	↑	↑	↑	↑
J	80	↓	↓	↓	↓	↓	↓	↓	↓	↓	0 1	1 2	2 3	3 4	5 6	8 9	12 13	18 19	27 28	41 42	↑	↑	↑	↑	↑	↑	↑
K	125	↓	↓	↓	↓	↓	↓	↓	↓	0 1	1 2	2 3	3 4	5 6	8 9	12 13	18 19	27 28	41 42	↑	↑	↑	↑	↑	↑	↑	↑
L	200	↓	↓	↓	↓	↓	↓	↓	0 1	1 2	2 3	3 4	5 6	8 9	12 13	18 19	27 28	41 42	↑	↑	↑	↑	↑	↑	↑	↑	↑
M	315	↓	↓	↓	↓	↓	↓	0 1	1 2	2 3	3 4	5 6	8 9	12 13	18 19	27 28	41 42	↑	↑	↑	↑	↑	↑	↑	↑	↑	↑
N	500	↓	↓	↓	↓	↓	0 1	1 2	2 3	3 4	5 6	8 9	12 13	18 19	27 28	41 42	↑	↑	↑	↑	↑	↑	↑	↑	↑	↑	↑
P	800	↓	↓	↓	↓	0 1	1 2	2 3	3 4	5 6	8 9	12 13	18 19	27 28	41 42	↑	↑	↑	↑	↑	↑	↑	↑	↑	↑	↑	↑
Q	1250	↓	↓	↓	0 1	1 2	2 3	3 4	5 6	8 9	12 13	18 19	27 28	41 42	↑	↑	↑	↑	↑	↑	↑	↑	↑	↑	↑	↑	↑
R	2000	↓	↓	0 1	1 2	2 3	3 4	5 6	8 9	12 13	18 19	27 28	41 42	↑	↑	↑	↑	↑	↑	↑	↑	↑	↑	↑	↑	↑	↑
S	3150	↓	0 1	1 2	2 3	3 4	5 6	8 9	12 13	18 19	27 28	41 42	↑	↑	↑	↑	↑	↑	↑	↑	↑	↑	↑	↑	↑	↑	↑

注：↓—使用箭头下面的第一个抽样方案。如果样本量等于或超过批量，则执行100%全检。

↑—使用箭头上面的第一个抽样方案。

Ac—接收数。

Re—拒收数。

表4-15　放宽检验一次抽检方案

合格质量水平

样本量字码	样本量	0.010 Ac Re	0.015 Ac Re	0.025 Ac Re	0.040 Ac Re	0.065 Ac Re	0.10 Ac Re	0.15 Ac Re	0.25 Ac Re	0.40 Ac Re	0.65 Ac Re	1.0 Ac Re	1.5 Ac Re	2.5 Ac Re	4.0 Ac Re	6.5 Ac Re	10 Ac Re	15 Ac Re	25 Ac Re	40 Ac Re	65 Ac Re	100 Ac Re	150 Ac Re	250 Ac Re	400 Ac Re	650 Ac Re	1000 Ac Re
A	2	↓	↓	↓	↓	↓	↓	↓	↓	↓	↓	↓	↓	↓	0 1	↓	↓	1 2	1 2	2 3	3 3	4 5	6 7	10 11	14 15	21 22	30 31
B	2	↓	↓	↓	↓	↓	↓	↓	↓	↓	↓	↓	↓	0 1	↓	↓	1 2	2 2	2 3	3 3	5 6	5 6	7 8	11 12	15 16	22 23	30 31
C	2	↓	↓	↓	↓	↓	↓	↓	↓	↓	↓	↓	0 1	↓	↓	1 2	2 2	2 3	3 3	4 5	6 6	6 7	7 8	10 11	14 15	21 22	↑
D	3	↓	↓	↓	↓	↓	↓	↓	↓	↓	↓	0 1	↓	↓	1 2	2 2	3 3	3 4	4 5	6 6	7 8	7 8	9 10	14 15	21 22	↑	
E	5	↓	↓	↓	↓	↓	↓	↓	↓	↓	0 1	↓	↓	1 2	2 2	3 3	4 5	5 6	6 6	7 8	9 10	10 11	14 15	21 22	↑		
F	8	↓	↓	↓	↓	↓	↓	↓	↓	0 1	↓	↓	1 2	2 2	3 3	4 5	5 6	6 6	7 8	9 10 11	10 11	↑					
G	13	↓	↓	↓	↓	↓	↓	↓	0 1	↓	↓	1 2	2 2	3 3	4 5	5 6	6 6	7 8	9 10 11	↑							
H	20	↓	↓	↓	↓	↓	↓	0 1	↓	↓	1 2	2 2	3 3	4 5	5 6	6 6	7 8	9 10 11	↑								
J	32	↓	↓	↓	↓	↓	0 1	↓	↓	1 2	2 2	3 3	4 5	5 6	6 6	7 8	9 10 11	↑									
K	50	↓	↓	↓	↓	0 1	↓	↓	1 2	2 2	3 3	4 5	5 6	6 6	7 8	9 10 11	↑										
L	80	↓	↓	↓	0 1	↓	↓	1 2	2 2	3 3	4 5	5 6	6 6	7 8	9 10 11	↑											
M	125	↓	↓	0 1	↓	↓	1 2	2 2	3 3	4 5	5 6	6 6	7 8	9 10 11	↑												
N	200	↓	0 1	↓	↓	1 2	2 2	3 3	4 5	5 6	6 6	7 8	9 10 11	↑													
P	315	0 1	↓	↓	1 2	2 2	3 3	4 5	5 6	6 6	7 8	9 10 11	↑														
Q	500	↓	↓	1 2	2 2	3 3	4 5	5 6	6 6	7 8	9 10 11	↑															
R	800	↓	1 2	2 2	3 3	4 5	5 6	6 7	7 8	9 10 11	↑																

注：　↓—使用箭头下面的第一个抽样方案。如果样本量等于或超过批量，则执行100%全检。
　　　↑—使用箭头上面的第一个抽样方案。
　　　Ac—接收数。
　　　Re—拒收数。

（二）毛织服装生产质量跟单员工作职责

毛织服装生产质量跟单是在订单生产过程中，根据客户的标准和要求对毛织服装生产全过程进行有效的质量控制，确保产品符合订单的质量要求。大货阶段由品质控制员（QC）负责，跟单员查阅其提供的质检报告后再根据订单的实际情况抽查货品。在整个跟进阶段，跟单员要做的工作有：

1. 前期准备工作

跟单员要做好前期的准备工作，首先要搜集好在毛织服装生产过程中的相关资料，包括生产制单、质量跟进手册、样板实物、查货标准抽样方案等，便于工作顺利开展。

2. 选定抽查项目

在实施查验工作前，要清楚了解查货的对象，根据具体的查货对象选定查验项目，其抽查的项目包括生产所用物料的抽查、半成品抽查、成品抽查、返修货品的抽查等。

3. 选择检查标准，安排查货日程

生产跟单员要根据客户的质量标准与要求，选择相关的查货标准。同时根据订单的生产周期、生产进度，安排查货的具体时间。

4. 实施检查

跟单员在生产过程中，到生产加工部门开展查货工作，应与生产负责人商讨有关查货事宜。发现生产问题要及时与生产部门协调，并提出加强质量管理的建议，采取相应措施加以改善。

5. 审阅质量报告

质量控制员开展质量检查后，需要出具书面的质检报告，跟单员审阅质检报告后，到现场抽查货品的质量，核实质检报告的真实性，然后抽取成衣样品存档。

6. 评估结论

跟单员将质量检查结果与所定的质量标准作比较，制作成品的质量是否符合订单要求的结论，以此为依据决定订单产品能否出货。

四、品质管理员工作岗位要求及职责

（一）对品质管理员的要求

毛织服装品质管理员的工作必须严格遵守公司规章制度与纪律，并且要有良好的职业操守，工作要客观公正、实事求是、细心、认真、负责；要有专业的毛织服装生产知识；要懂得工序的正确操作方法并能订立标准，规范指导员工的操作。

品质管理员还应懂得毛织服装各部位量度尺寸的方法，掌握各种检验与检测的标准方法，能发现成衣疵点和质量问题。品质管理员还需要向加工厂索取最新的生产周期表和进度表，根据订单的生产周期、生产进度商讨有关的查货事宜，对初期、中期、尾期查货的具体时间做出安排，同时也可以进一步了解订单的生产情况以及生产中遇到的问题，协同订单跟单员一同解决。

查货工作完成后，还要对产品的质量进行全面评估，将质量检查结果与所定的质量标准进行比较、鉴定，做出成品的质量是否合格的结论，以此决定订单产品能否出货。

（二）品质管理员的职责

1. 品质管理工作职责

（1）负责对不合格毛织服装的控制管理，负责对一般不合格品的评审和处置；负责对毛织服装面辅料、衫片和成衣的不合格品的标记、记录、隔离；负责对轻微不合格品进行评审和处置。

（2）经授权的不合格品审核员负责对重大的不合格产品及不能明确界定的不合格品进行评审和处置。

（3）质量总监负责对重大不合格品的评审，提出处置建议报总经理批准后实施，并负责对让步接收做出处置决定。

（4）各车间质检人员负责对毛织服装生产过程中发现的不合格品进行标记、记录、隔离；负责把不合格品的质量信息反馈给品质管理部门。负责对不合格品实施处置。

（5）责任对生产中产生不合格品的主要原因的分析以及纠正措施的标准操作规程制定，负责参与不合格品的评审，对一般不合格品提出处置建议，并负责制定和实施纠正措施。

（6）各车间收发部门负责统一对不合格品进行转移管理并保留相关部门的沟通记录，参与并督促不合格品的控制。

2. 处置不合格品的工作程序

（1）在对毛织服装进行检验时，发现的不合格品要进行确认，将确认的不合格品进行隔离，填写"不合格报告单"并做好企业内部质量控制系统录入，上报QC部门，凡已确认为不合格品不得任意放行。

（2）对于毛织服装面辅料不合格品由品质管理部检验人员出具报告，对生产过程中出现的一般不合格，由发现的部门及时向品质管理部门报告，品质管理部门接到报告后应及时进行相应的处置，并保存好处置记录。不合格品由品质管理部门负责组织处置。经返工的毛织服装产品必须重新进行检验，经检验后做出处置意见。

对不影响产品质量的轻微瑕疵的返工毛织服装可做出让步处置、让步使用、放行。具体方案经质量总监审核，报品质管理部门批准实施。

对报废的不合格品应将废品放入废品区，做好标识和隔离，防止后期再次使用。

对采购原料不合格品，由采购部门拒收或作退货处理，并与供方联系。品质管理部门在做每一次处置方案时，都必须认真做好有关不合格品的处置及采取措施的详细记录。录入跟单系统，如图4-1所示，便于各部门及时了解情况。

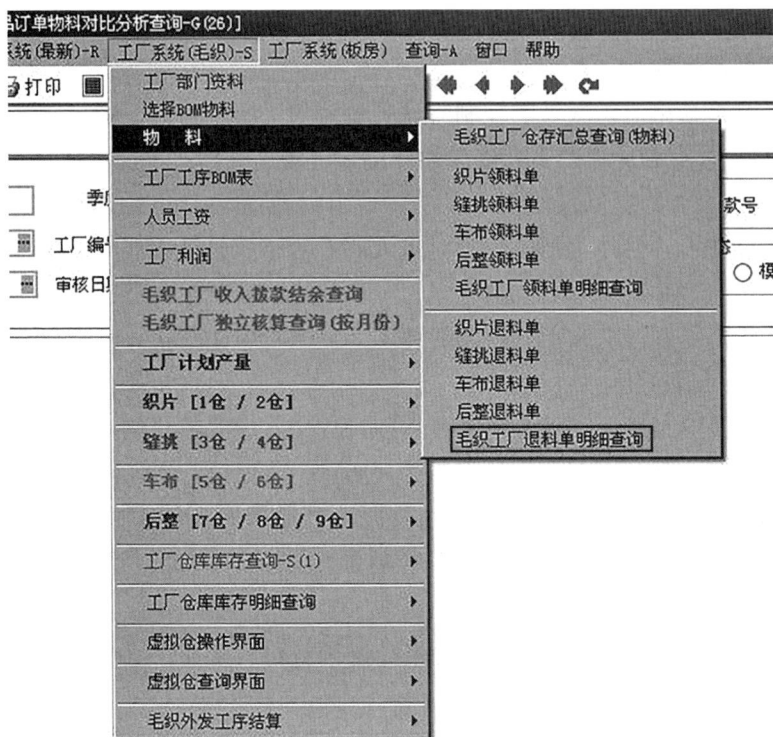

图4-1　跟单系统录入

第二节　毛织服装疵点及检验

一、毛织服装疵点类别

在毛织服装生产流程的各阶段，都会产生织造疵点。每个阶段产品的品质检查，除了指导员工按标准规范进行操作以外，还应该对经常发生疵点的操作进行分析，解决生产瓶颈，保证生产的流畅性和高效性。根据产品疵点的严重性、按行业标准和客户订单要求质量标准，疵点可以界定为严重疵点、普通疵点、轻微疵点，所有的疵点都要有标准规范用语，并清楚书写在质检报告记录中。在实际操作中，品质主管应该建立品质管理看板，将当天批次检查的疵点罗列出来，并写明处理意见，企业看板如图4-2所示。

二、毛织服装生产过程中常见的疵点

1.织片常见疵点

（1）织法错误，织片的编织密度、织法、颜色、用纱品质与订单要求的品质不符。

（2）织片尺寸和重量，下机后的织片长度和重量与订单要求不符。

（3）罗纹尺寸，罗纹收针的次数与客户订单不符。

（4）织片工艺，织片出现毛头、花色毛、漏针、漏眼、烂边、油渍、结头以及织片左右长度不一致等。

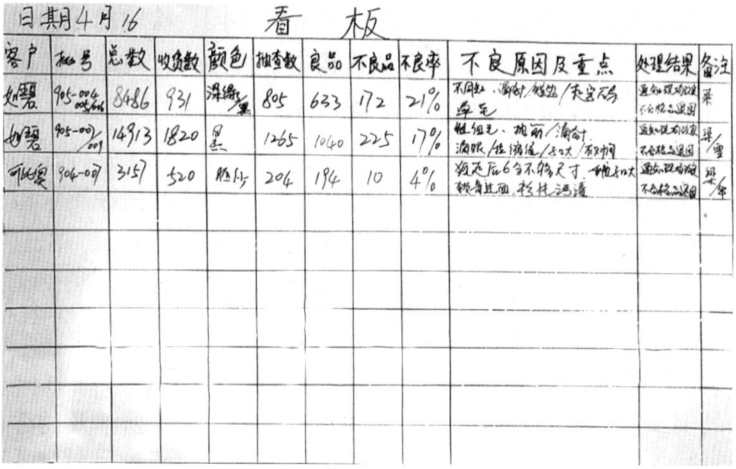

图 4-2　企业不良率看板

2. 缝盘阶段常见疵点

（1）织片缝错。

（2）前、后片缝错码数。

（3）有色差的织片缝在一起。

（4）缝合部位的拉伸力不够。

（5）缝迹质量不佳，如跳线、缝线不直、缝线起鼓、对位不符。

3. 挑撞阶段常见疵点

（1）拆纱不干净。

（2）止口位散口。

（3）袖头、衫下摆手缝修补松紧不一致。

（4）其他废纱织入。

4. 洗水阶段常见疵点

（1）未按要求及次数进行洗水，洗后手感欠佳。

（2）洗后色泽与样板有较大色差。

（3）洗后毛织服装表面严重起毛。

（4）洗后毛织服装有明显异味。

5. 成衣外观常见疵点

（1）毛织服装成型整烫不到位，外观造型不平整、不挺括、不对称。

（2）尺寸偏差，毛织服装回缩后尺寸与订单要求不符。

（3）熨烫质量欠佳，出现倒毛、起皱、漏烫、变色等情况。

（4）外观清理不到位，有较多线头、毛头、污渍。

三、成品检验

成品在出厂前，必须对其进行综合检验，目的是保证产品质量能达到客户的要求，被客户接受。成品检验由质检部门负责，根据产品要求等级不同，检验的标准和次数也有差别，产品的内在质量按照国家相关质量标准由专业机构进行检测，出具规范的检测合格报告。成品外观的检测则由生产企业或加工厂的品质控制部门来完成，其要求如下。

1. 内在质量检验

毛织服装加工企业根据客户订单对品质的要求，进行相应的内在质量检验，并由各质量技术监督局或客户指定的检验检测机构按照相关国家标准来进行检验，出具有权威性的质量检验报告单。如果是出口产品，还应该有出入境检验检疫局的相关检测报告。根据客户所要求的检测内容不同，出具相应的质检报告。没有通过检测，一般情况下是不能正常出货，所以生产企业应该在适当的阶段，按与客户的合同约定进行及时送检。

企业所生产的毛织服装产品在需要进行的内在质量检验中，所涉及的质检项目应参考国家标准，企业在进行生产加工过程中，应该按国家标准来进行生产，便于在后期的产品检验阶段，顺利通过检验并获得检验报告单。常用于毛织服装的国家质检项目有以下几项：

（1）顶破强度。按GB/T 7742.1—2005《纺织品织物胀破性能》执行。

（2）编织密度系数。按FZ/T 70008—1999《毛织物编织密度系数试验方法》执行。

（3）起球。按GB/T 4802.3—1997《纺织品织物起球试验》执行。

（4）二氯甲烷可溶性物质。按FZ/T 20018—2000《毛纺织品中二氯甲烷可溶性物质的测定》执行。

（5）水洗尺寸变化率。按FZ/T 70009—1999《毛针织产品经机洗后的松弛及毡化收缩试验方法》执行。

（6）公定回潮率。按《纺织材料公定回潮率》GB 9994—1998来执行。

2. 外在质量检验

（1）成衣尺寸检验。毛织服装外在的质量检测主要是检测成品尺寸是否正确，检查的尺寸应该按照客户订单中对各部位的控制尺寸进行准确量度，跟单员在对毛织服装成衣各测量部位尺寸进行检验时，要严格按照客户的制单尺寸要求。客户提供的尺寸常见的有厘米（cm）、英寸（inch），厘米与英寸的换算为1英寸=2.54厘米，即1inch=2.54cm，常用的英寸与厘米书写如图4-3所示。

英寸	1	1/2	1/4	3/4	1/8	3/8	5/8	7/8
厘米	2.54	1.3	0.6	1.9	0.3	1	1.6	2.2

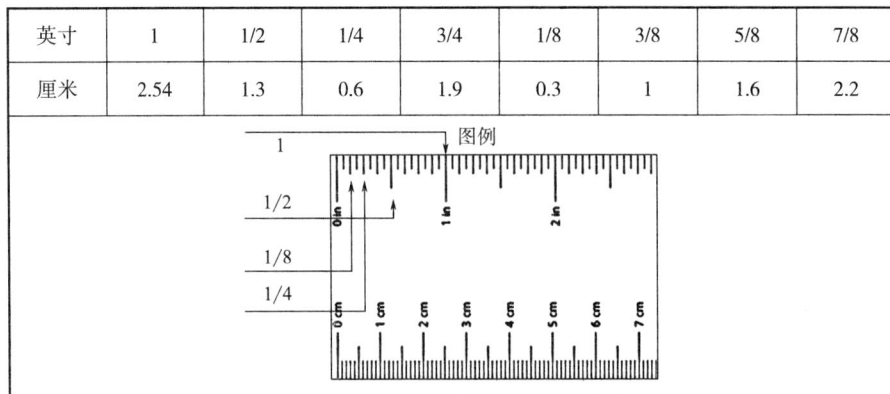

图4-3 常用英寸尺寸标识

下面以一款毛织服装为例，各部位尺寸（英寸）及放码档差、允许偏差表见表4-16。

表4-16 毛织服装成衣各测量部位尺寸、档差、允许偏差表

	测量部位名称	测量方法	M码（inch）	档差（inch）	允许偏差（inch）
1	衣长	由肩缝至底边	22	1/2	1/2
2	胸宽	袖窿下1inch	15-1/2	1	3/4
3	上胸宽	袖窿/2	12	1	3/4
4	腰宽	肩端点下15inch	14	1	3/4
5	下摆	底边处	14-1/2	1	3/4
6	肩宽	左肩点到右肩点直量	13-1/2	1	3/4
7	袖长	肩端点至袖口罗纹边	17-1/2	0.5	1/2
8	袖窿深	肩缝至袖笼底	7-1/2	0.5	1/2
9	臂围	袖窿下1英寸	5	0.5	1/2
10	下臂围宽	袖口向上6英寸		0.25	1/4
11	袖口宽		3-1/2	0.25	1/4
12	袖口1×1罗纹		3	各档相同	0
13	下摆1×1罗纹		3	各档相同	0
14	领宽	左领缝到右领缝	7	0.25	1/4
15	前领深	垂直量肩颈点到领窝与前门襟交点	5-1/2	各档相同	0
16	后领深	肩顶到领下边	3/4	各档相同	0
17	肩斜		1-1/2	各档相同	0
18	袖山			0.25	
19	领罗纹		5/8	各档相同	0
20	门襟长×宽		8×5/8	各档相同	0
21	纽扣距离		1-3/8		

（2）疵点、污渍等外观检查。检查时，品质管理员应在标准查货台上进行检测工作，在标准光源下，按照检查标准操作规范进行，并将检测的不合格品进行登记，按照瑕疵的严重程度分类放置。品质管理员对不合格产品进行确认，对不合格可能产生的后果进行评估，决定如何处置，同时提供应急生产方式，对是否存在发生类似不合格的趋势进行评估，处置返工、修补、拒收等方法。

（3）用标准术语描述各种疵点。品质管理员在进行不合格品登记时，应该按照企业的标准术语对各种疵点进行描述，标准术语见表4-17。在有疵点的部位采用贴纸标注或木夹标注，如图4-4所示，要避免因标注疵点而产生新的疵点。疵点标注便于织片、缝盘等生产部门能准确、快速的进行疵点部位的返工或修补。

表4-17 各种疵点标准术语描述

项目	用语描述
外观、颜色	脱色、不对色、下栏不对色、染色不均匀、熨烫起痕迹、杂纱、色纱、阴阳色、漂色有痕迹
清洁、剪线	油渍、污渍、污点、衫内杂毛、线头
织片、毛纱	孔、破洞、扭纹、结、粗纱、颜色不均匀、织疵、断毛纱、漏针、针缝迹
缝线、线步	缝位扭斜、起皱、缝位爆口、错缝、跳线、断线、线太松、线太紧、散口、起波浪纹、缝线欠佳、缝位不对称、袖嘴不对齐、缝位不对齐
贴袋、袋位	错位、袋形欠佳、高低袋、贴袋固定不牢固
袖、袖嘴	袖窿位起皱、高低袖嘴
领	鼓领、领型欠佳、绱领位置不平服
胸贴	形状不好、纽位不居中、胸贴不平直
垫肩	错位置、缝钉不牢、错码、成型不良
唛头	错唛头、少唛头、唛头位置错误
纽、门襟	少纽、错位置、错线色、纽不牢、坏纽、错码、烂门襟
手感	太硬、太软、
车花、线	缝线不对色、错位置、错花型、图案欠缺

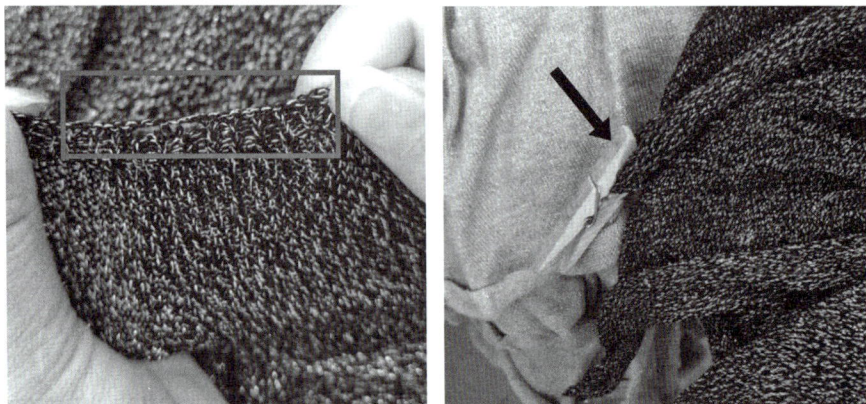

图4-4 用木夹方法标注疵点

思考与练习

1. 毛织服装疵点产生的原因有哪些？

2. 毛织服装的疵点类别有哪些？

3. 毛织服装生产过程中的质量控制注意事项？

4. 毛织服装质量检测的规范及方法有哪些？

毛织服装包装及运输跟单

课题名称： 毛织服装包装及运输跟单

课题内容： 毛织服装包装类别及运输标志

包装及装箱跟单

货物运输跟单

课题时间： 8课时

教学目的： 了解毛织服装成衣包装的常见方式、包装的分类，掌握箱唛的规范书写及要求。包装及运输跟单员应掌握客户订单中的有关包装内容及客户对包装装箱的要求。

教学方式： 以理论授课为主，结合案例教学并进行讨论

教学要求： 1. 了解毛织服装包装的物料及类别。

2. 掌握包装箱唛的书写规范及规格要求。

3. 掌握包装运输跟单员的工作职责与注意事项。

第五章　毛织服装包装及运输跟单

毛织服装成品的包装是必不可少的一道工序，也是订单合同中的内容。包装不但能保护服装不受到污损，同时也便于毛织服装成品的存储和运输，有创意、独特的包装既能提高产品的档次，也能树立企业产品的品牌形象。在外贸企业中还应该考虑商检及海关的出口要求。

第一节　毛织服装包装类别及运输标志

一、产品包装的作用

毛织服装企业生产的产品，经过规范质检后，合格品需要经过包装才能交付给客户。包装的外部造型装饰设计，一方面要体现品牌的特色，宣传品牌文化，提升产品的附加值；另一方面也起到保护产品免受污染、破损和遗失的风险。

二、产品包装的分类

内销企业产品及外销企业产品在流通过程中，根据流通过程中的实际需求，商品的包装可以分为运输包装和销售包装两个大类。

1．运输包装

运输包装又称大包装。它是将产品以特定形式捆扎或装箱，避免产品在运输过程中遗失或损坏，同时也方便产品的运输和储存。常见的运输包装一般使用箱装、捆包、袋、集装箱等。

2．销售包装

销售包装即直接面对消费者的包装。销售包装可以提高产品品牌的辨识度和提高产品的附加值，所以不同品牌的销售包装采用不同的包装材料和设计形式，提高了产品的多样性。

产品包装的方式方法是企业买卖订单合同中的一项内容，生产企业应该按照订单合同中对包装的要求，准确的履行职责，正确无误地将产品包装好。尤其是在一些有出口业务的企业，还要考虑商检及海关的有关规定，并且要符合进口国家的有关法律规定和行业习惯。

三、产品运输标志

包装好的产品需要在箱外侧明显的位置粘贴标签，此标签在行业中又称"唛头"（Shipping Mark），它一般由一个简单的几何图形、字母、数字及简单的文字等组成，如图5-1所示。唛头内容说明包装内货物的详细数据以及货物的运输目的地和签收人，主要目的是为了有关部门便于装卸、运输、保管、检验、防止错发错运。

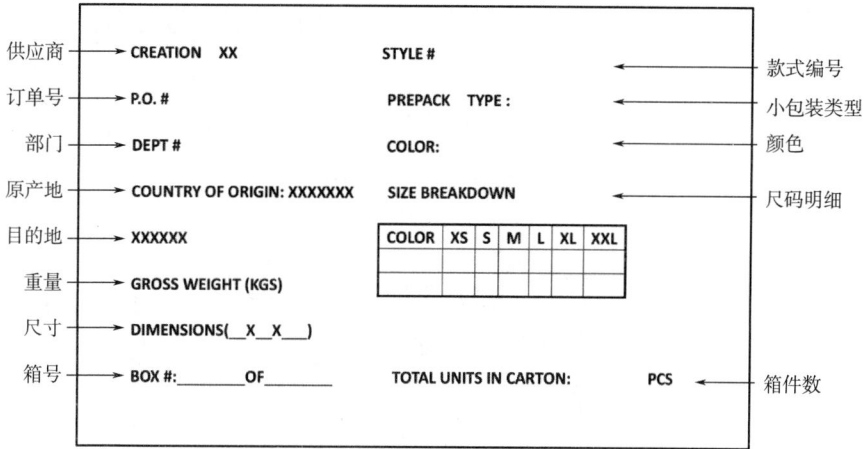

图5-1 包装唛头

1. 外销产品

对于外销的产品，箱唛应该使用国际标准化组织和国际货物装卸协会制定的标准运输标志，标准唛头包含以下内容：

（1）供货商、收货人或买方的名称或简称。

（2）买卖合同号码或订单号码。

（3）原产地、目的地。

（4）内含物重量、尺寸、件数、码数、颜色。

包装箱唛的正唛和侧唛信息内容应该完全一致，正唛贴于包装箱明显处，所包含的内容应更加详细具体，侧唛只需要将内含货物的明细列清楚即可。箱唛正唛内容如图5-2所示，箱唛侧唛内容如图5-3所示。

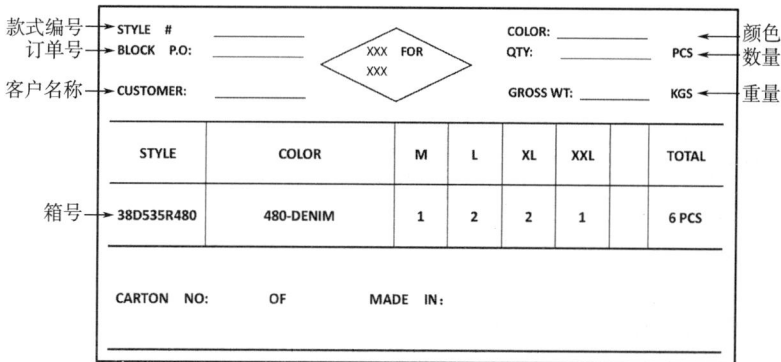

图 5-2 箱唛正唛信息

2. 内销产品

内销产品订单的箱唛相对来说较为简单，只需列清楚内含货物的数量明细、装箱日期、装箱单号、企业内部编码即可，以便客户能清楚知道箱内的物品，如图5-4所示。

STYLE	COLOR	M	L	XL	XXL	TOTAL
38D535R480	480-DENIM	1	2	2	1	6 PCS

图 5-3　箱唛侧唛信息

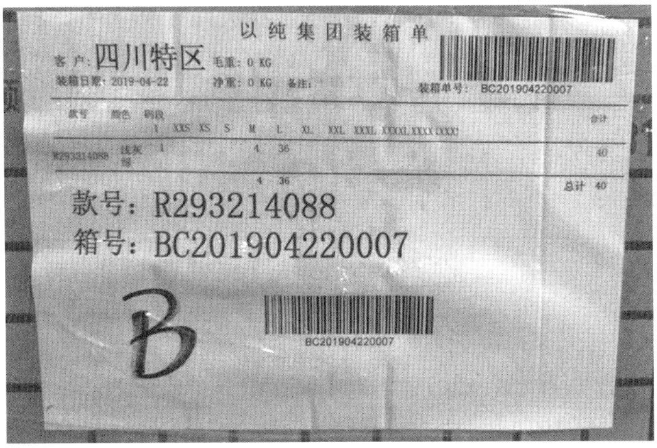

图 5-4　内销单箱唛

四、常用的包装方式

1．袋包装

（1）胶带包装。胶袋包装是应用最为普遍的一种包装方式，使用的主要材料是塑料薄膜，有些还要求留有出气孔。袋包装具备成本低廉、便于运输的优点，但它对成品衣物的支撑强度小、衣物易起皱，袋本身易破损。衣物折叠后使用的胶袋有扁平袋、自开袋等，所用塑料袋的款式、形状大小、厚薄等应该按照折叠后衣物的大小来确定，常见单件装用胶袋如图5-5所示。

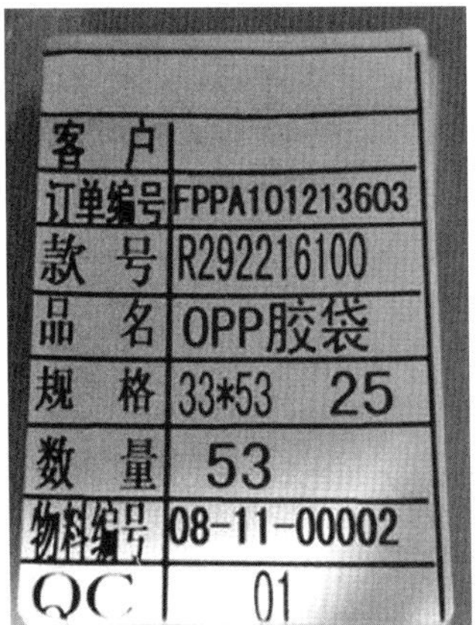

（2）挂袋包装。挂袋包装的袋顶端有衣架孔，开口在下方，多用于高档衣物的包装。挂装包装的优点是能保持成品的款式造型，但成本比普通塑料袋要高。

2．盒包装

盒包装是一种质地较硬的包装方式，它的优点是视觉冲击强、内装货品质高、可以避免服装起皱，但是它所占的体积要比袋包装大，运输成本也相应提高，包装盒常见的有盖帽式、抽屉式等，如图5-6、图5-7所示。

3．箱包装

箱包装是为了方便运输和批量销售包装的方式，多采用瓦楞纸纸箱，但是一些需要防压的高档服装和需要远程运输的成品，还需加装坚固的木条，并且箱外还要有防潮的措施。对于挂装的服装，一般使用木箱，箱内还要有支架，可以把立体包装的服装直接吊挂在箱内。

图5-5　单件装用胶袋

图5-6　盖帽式包装盒　　　　　　　　　图5-7　抽屉式包装盒

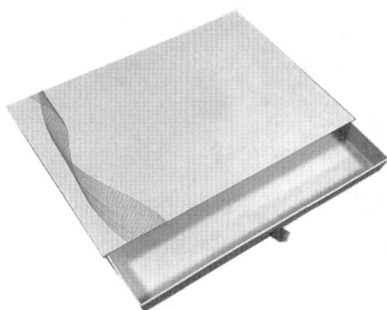

第二节　包装及装箱跟单

一、按客户要求进行包装

成品服装的折叠方式及包装要求是买卖双方订单合同中的一项重要内容，企业跟单员应该按照客户的包装要求对成品进行包装，为避免在包装过程中出现差错，跟单员应该详细地将包装方法清晰表述，最好配以图片，使包装人员更加准确无误地对成品进行包装。

二、毛织服装包装的常用方法

毛织服装常用的包装方法有折叠包装和立体包装两种。

1．折叠包装

折叠包装是常见的包装形式，在折叠时，要把成品的特色之处或款式设计的亮点部位置于明显位置。吊牌的摆放位置则根据订单对包装的要求进行隐藏式或外露式来进行摆放，折叠方法如图5-8所示。

步骤一：放防潮纸　　　　　　　　　步骤二：上下对齐对折

图5-8　折叠方法

进行折叠时，衣服要折叠平服，尽量减少不必要的折叠位，减少消费者拆装后的二次整烫工作。有时为防止服装脱落，增加硬纸板并在适当的部位用胶夹固定，为了使服装保持干燥，还会放防潮纸，折叠好后将成品放入胶袋或包装盒内。

　　2．**立体包装**

　　立体包装是常用于高档服装的包装形式，或者为了满足客户特别的包装要求。现在立体包装方式应用越来越广泛。立体包装是将衣服用衣架挂套后再加装包装袋，避免产品在运输过程中产生褶皱，保持良好的外观质量，但在保管和运输中要用专用的挂架，成本比折叠包装高，立体包装形式如图5-9所示。

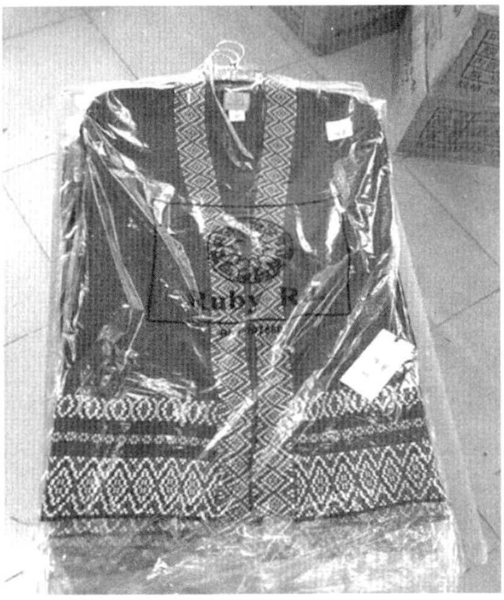

图5-9　立体包装

三、装箱通知单

　　装箱通知单的内容常和配料通知单的内容写在同一张跟单表中，便于跟单人员指导工人操作。以下将用毛织服装企业的实际装箱通知单范例来说明装箱通知单所包含的内容及跟单员要注意的事项。

　　案例1（表5-1）

表5-1　装箱通知单

TO：Shen Ling　　　　　　　　　　　　　　　　　　　　　　　　CC：兴
款号：M1102-3-15-0045　　　　　　　　　　　　　　　合同号：CHHJ18-00097
FM：Lortty　　　　　　　　　　　　　　　　　　　　　　　日期：2018-5-6

项目	样板	位置及备注
包装	 正面图示 　　　背面图示	（1）折衫方法：半折，不需要放防潮纸，放入胶袋。用两条透明胶纸封口，如胶袋宽度大于15cm的，用两条透明胶纸封口，如胶袋宽度小于等于15cm的，只需贴一条透明胶纸，透明胶纸由工厂自行订购，要符合公司环保标准 （2）所有印字全用黑色。胶袋正面不印字，胶袋背面是印警告语句及环保标志 （3）注意单色多码包装用的大胶袋背面只印有警告语，不用印其他数据

续表

项目	样板	位置及备注
防盗胶扣	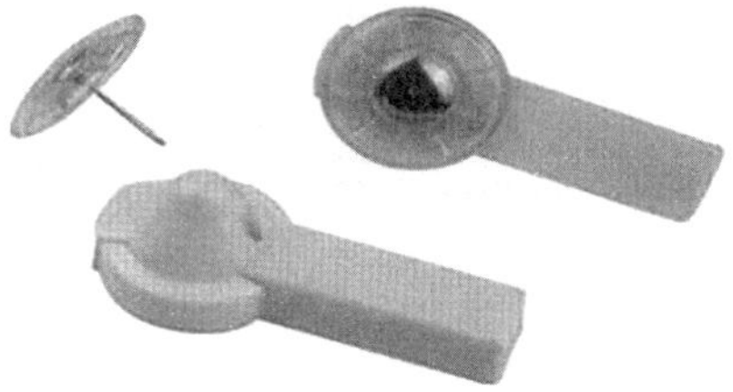	（1）防盗胶扣由工厂向指定供货商订购 （2）防盗胶扣只用于零售订单，或价钱牌价格高于100美元以上，或100%羊绒货品等 （3）必须订一套拆扣用具
胶扣装订方法	 胶扣订位置	防盗扣钉于（穿着计）右边侧缝，罗纹边上15cm的位置，圆钉从衣内完全穿出，帽扣在衣外扣死，不可有空位
胶扣装订方法	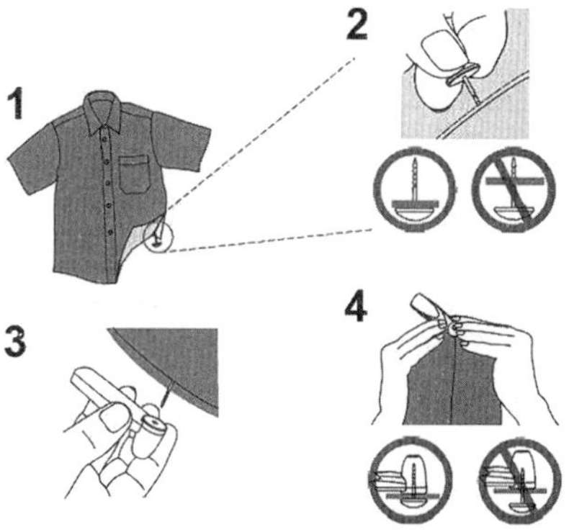	胶扣装订方法如图所示，按照步骤1~4按规范操作，帽扣、衣钉见不能有空位
防盗胶扣拆除	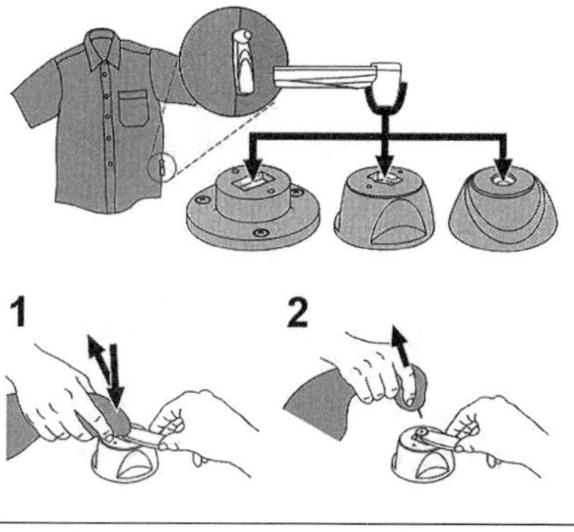	如防盗胶扣钉错要拆除，请跟图示方法进行操作

项目	样板	位置及备注
外箱贴纸		外箱贴纸白底黑字，尺寸为：10cm（高）×15cm（宽）
箱贴纸位置	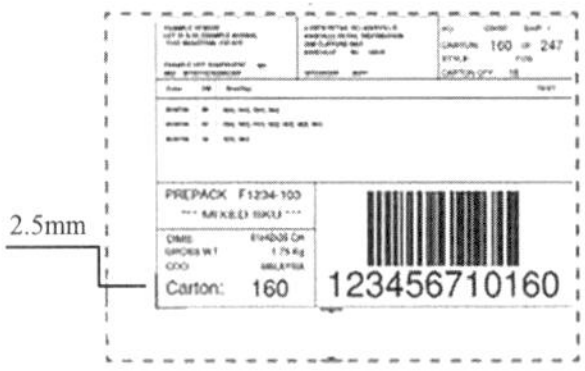 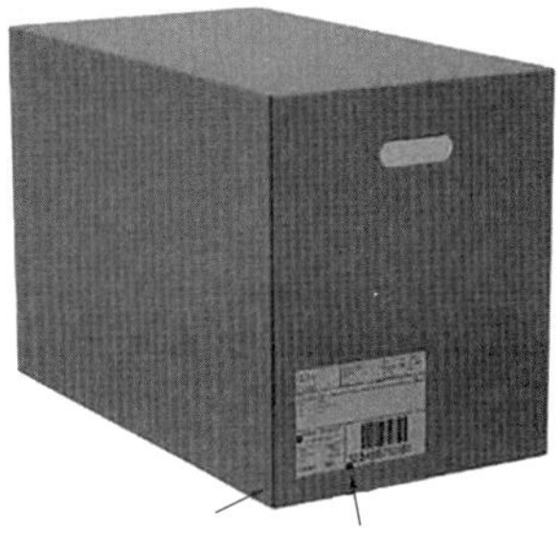	（1）红色箭头所示，外箱条形码贴纸距离箱底2.5cm，距离箱侧边2.5cm （2）纸箱向指定供货商订购
装箱	 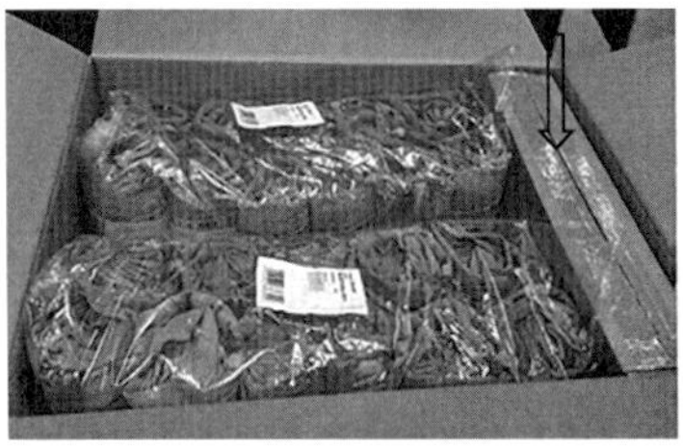 	（1）已装货，箱毛重每箱不可超过22.7kg。箱底、箱面都不用加天地板封箱。所有走货箱每一箱一定要装至90%满（左右上下不可超过1.3cm的空位） （2）客人只可接受每一批只有一个杂色杂码尾箱。如果杂色、杂码件数不够标准箱，且件数是25件或少于25件时，必须另外装入更小的箱，才可作为杂色杂码尾箱，这是方便美国客人在收到货后可以容易分开。尾箱（因为是杂码）要加鲜黄色"7cm×7cm"正方形贴纸。（颜色标准为"Pantone"#123C色号） （3）装箱单上要注明"宽×长×高"的字眼，举例：33.02cm×57.47cm×41.91cm （4）如果用最小尺寸的装箱仍然有较多空位，可以用图示的两种填充纸皮填满纸箱，以保证上下左右空位不超过1.3cm

案例2（表5-2）

表5-2　装箱通知单

客户：×××　　　　　　　　货期：2018-5-15　　　　　　　　　　　　　　走货方式：船运

成分：40%cotton 25%viscose 30%nylon 5%angora　　　　　　　　　　　日期：2018-3-15

生产单号：M1102-126+A/B/C/D/E/F/G（146093件）　　　　　　　　　　跟单：Lortty

项目	图示	供应商位置及备注
折叠方法	TO:××× S O/N:223450/1566 Colour:11 Size:XL Total pcs in carton:100 Total no of carton: 18 Carton no:　　16 OPEN HERE	单件、不用入袋，直接装箱，单件折好之后的尺寸为：24.5cm×36cm
纸箱		（1）使用单层纸箱 （2）使用客户指定的纸箱供货商，供货商的资料要给订箱跟单员 （3）此批大货纸箱数量工厂自订 （4）使用标准的单色单码箱尺寸，装箱要用打孔箱 用于单色杂码装箱时，纸箱不打孔
装箱	虚线位置是打孔位 P/T ←—箱贴位置	每个纸箱装货适量，重量不超过20kg
备注：中国香港、俄罗斯、中东、日本的大货由于数量较小，尾箱可单色杂码装，纸箱面要写"Mixed Carto"标注		
因此批货物分14个国家走货，详细装箱数见附页，每个国家都有一个1号箱，1号箱需用空白装箱单，装箱单贴于箱内，另需在1号箱贴一条红色贴条，标有"PACKING LIST"字样，见图： **PACKING LIST**		
封箱		箱底：先封宽面的边，再封长面的边，只封一条胶纸及注意封箱胶纸要长出10cm 箱面：先封长面的边，后再封宽面的边，只封一条胶纸及注意封箱胶纸要长出10cm
封箱胶纸		供货商：上海 YongDe 联系人：Mr Sam 电话：×××-××××××× 手机：×××××××××××

项目	图示	供应商位置及备注
箱唛	200PLHM O/N:142278/1610 Art no:91649A Colour:12 Light Beige Size:M Pc in carton:	所有箱唛不可用手写，需打印在A5纸上，然后贴在纸箱上 　　各国家的箱唛不同，请按附页箱唛的资料书写，举例： 　　（1）箱唛上的文字需有0.5cm粗及"Verdana"字体排版 　　（2）箱唛上粗体的文字需有1cm粗 　　（3）箱唛上英文字母"A""S"字高要3.5cm 　　（4）国旗改为箱唛内容，一起打印出来
货物明细	<table><tr><td>码数/颜色</td><td>ArtNo. （产品货号）</td><td>XS</td><td>S</td><td>M</td><td>L</td><td>XL</td><td>总数（件）</td></tr><tr><td>12/Light Beige （浅米色）</td><td>91649A</td><td>662</td><td>2134</td><td>2650</td><td>1325</td><td>589</td><td>7360</td></tr><tr><td>08/Dark Grey （深灰色）</td><td>91649B</td><td>662</td><td>2134</td><td>2650</td><td>1325</td><td>589</td><td>7360</td></tr></table>	
装箱方法		将折叠好的单件服装入袋，单色单码入箱，装箱需要对放，见图示
箱唛贴法	1号箱贴"Packing Lise"红色贴纸　箱贴位置，每箱贴2张	箭头代表大货走船+飞机或走飞机。正常走船单不用印箭头

四、常见成衣装箱分配方法

1. 同色、同规格装箱

按同种颜色、同种规格的成衣进行装箱。

2. 单色混码装

单色混码装，按一定的比例进行规格搭配装箱。

3. 混色单码装

混色单码装，按一定的比例进行颜色搭配装箱。

4. 混色混码装

混色混码装，先按一定的比例进行规格搭配，然后在考虑进行颜色搭配装箱。

第三节　货物运输跟单

企业需要通过运输的方式将产品交付给客户，企业在运输过程中应该本着安全、及时、节省的原则进行。负责运输管理的跟单员应该根据客户的要求与订单上的运输条款跟进产品的运输，以保证货物能安全、准时送达到客户指定的目的地。货物运输分为海运运输、航空运输、陆路运输。

一、海运运输跟单

海运运输的优点是运量大、费用低，并且不受道路的限制，所以在国际贸易中被广泛使用，但是海运运输耗时较长，容易受到天气因素的影响，所以企业在选择使用海运运输方式时，对生产加工时间和运输时间的把握要准确。保证订单在交货期内送达到客户的指定地点。

1. 备货

备货是卖方根据买方的要求提交货品的基本义务。出口方在收到信用证后，审核信用证中的运输条款，按照要求对货物进行规范包装、贴唛头，取得检验机构出具的合格证书后，按照规定的交货期及时准备好出口的货物。跟单员在这一过程中，应该全程跟进备货过程，确保按时、按质、按量地履行合同规定交货义务。

2. 租船和订舱

在CIF（成本加保险费加运费）、CFR（成本加运费）、CIP（卖方承担交货之前的一切风险和额外费用）、CPT（买方承担交货之后一切风险和其他费用）价格条件下签订的贸易出口合同，出口方须在备齐货物后，按照合同或信用证规定的交货期，向运输公司确认运输的价格，办理租船、订舱手续，经船舶公司同意后，向托运人签发装货单。跟单员在填写委托书时，应准确清晰地填写托运人、收货人、通知方、目的港口、箱型和数量、件数、毛重、货名等内容，订舱委托书见表5-3所示。

表5-3　订舱委托书

海（空/铁）运出口订舱委托书

经营单位（托运人/订单号）					
Shipper（发货人）					
Consignee（收货人）					
Notify Party（通知人）					
Port of Loading（起运港）		是否可以套约			
Port of Discharge（目的港）		可否转船			
集装箱预配数			运费支付式：	（ ）FREIGHT PREPAY （预付） （ ）FREIGHT COLLECT （到付）	
Marks & Numbers （标记号码）	NO. of PGS （件数）	Description of goods （货物名称）	GrossWeight （毛重）	NetWeight （净重）	Measurement （货物尺码）
公司抬头： 联系人： 联系电话：			（ ）CY TO CY　　　（ ）CY TO DOOR （ ）DOOR TO DOOR　（ ）DOOR TO CY		
备　注：负责拖车报关 拖车具体地址/联系方式/联系人：					

3．出口货物集中港区

出口方和船运公司订舱完成后，企业应该按照规定的时间内将货物发运到港区指定的仓库或货场，等待装船。船运公司一般会提前一天将提单确认件传真给托运公司，托运公司尽量在装船前确认回传，以免额外更改费的支出。

4．出口报验和报关

货物集中港口后，船务跟单员应该向海关办理报关手续；或者委托专业报关公司代理报关相关手续。委托报关须签订报关委托书，样式见表5-4；企业需备好出口货物报关单、发票、装货单、装箱单、商检证。经海关人员对货品查验合格后，在装箱单上加盖放行章后才能装船。

表5-4　代理报关委托书

代理报关委托书
编号：□□□□□□□□□□□
我单位现　　　　（A逐票、B长期）委托贵公司代理　　　　等通关事宜。（A、报关查验B、垫缴税款C、办理海关证明联D、审批手册E、核销手册F、申办减免税手续G、其他 ）详见《委托报关协议》。
我单位保证遵守《海关法》和国家有关法规，保证所提供的情况真实、完整、单货相符。否则，愿承担相关法律责任。
本委托书有效期自签字之日起至　　　　年　　月　　日止。
委托方（盖章）：
法定代表人或其授权签署《代理报关委托书》的人（签字） 　　年　　月　　日

5．放行通关

报关单证通过审核后，海关人员对集中在港口或货场的货物进行抽查。对于一般的出口货品，在发货人如实向海关申报。并缴纳相应费用，海关放行后，装船出境。

6．支付运费

支付运费有预付和到付两种形式，对于需要预付运费的出口货物，船舶公司或委托代理人必须在收取运费后签发给托运人运费预付的提单；如果属于到付运费货物，则在提单上注明运费到付，其运费由船舶公司卸港代理在收货人提货前向收货人收取。

7．出口退税

货品经海关放行后，出口企业拿到"出口退税单"，备齐退税申报手续后，可向税务部门办理出口退税。

二、航空运输跟单

航空运输的优点是交货时间短、运输包装费及储存费用较低，但是运量小且费用昂贵，大多数情况下，毛织服装企业只有延误了船期后才选择航空运输。

1．委托运输

企业产品发货时，首先填写委托书，加盖公章，作为委托代理承办航空货运出口货物的依据，不管选择班机运输还是包机运输，都应该在委托书中明确说明。

2．备妥货物、订舱

货品备妥后，向航空公司填写货物委托书办理订舱手续。

3．出口报关

出口方备齐货品及所有出口单证后送交货物，以便向海关办理出口报关相关手续。

4．签发航空运单

航空运单是承运人与托运人之间的运输合同，承运人收到货物后出具货物收据。在货品运抵目的地后，承运人发出"到货通知"，收货人凭"到货通知"及有关证明提取货品并在货运单上签收。

三、陆路运输跟单

陆路运输的主要方式有公路运输和铁路运输两种。铁路运输不受天气影响，速度较快、运输量大、运输风险小、连续性强。但铁路运输仅限于有铁路相连的地区且有贸易运输协定的国家之间进行。

国际贸易货物铁路运输采用国际铁路联运的形式，我国已经与多个国家签订了《国际铁路货物运输协定》，在与他们之间的贸易往来中，可以选择铁路运输的方式，运输过程中的一切业务皆由铁路运输部门负责办理。

公路运输适用于短途以及铁路、飞机或船运无法抵达的地方区域。

四、运输跟单员要掌握单证工作事项

负责运输的跟单员须根据运输方式的不同，跟进准备各种必备的单证，确保交货单证的正确与完整，顺利完成企业的出货任务。

凭单交货、凭单付款是目前国际贸易常用的交付方式。在出口贸易的信用证业务中，银行付款只凭单证，所以做好单据工作，对及时、安全的收汇款非常重要。这就要求跟单员应在单据的缮制与审核作为自己工作的重点。

1. 单据填制要简明

单据的内容填写要按规范和惯例进行填写，内容要简明且准确、字体清晰、描述规范避免涂改。对于重要的填写单项如数量、重量、件数等，不能涂抹更改。单据的种类、内容及所需要的份数都必须完整准确，不能有遗漏。

2. 单据之间相互吻合

单据描述的货物必须与实际货物相符，所提交的单据中存在的任何不符合及细小的差错都会影响运输，对企业造成损失。

3. 单据的寄送要及时

单据必须在信用证的有效期和交单期内送交银行办理结汇手续，单据应该尽早邮寄至代理报关单位，以便其有充裕的时间整理审核。

4. 报关单的填写要正确无误

根据报关单的既定格式填写相应的内容，由报关人员录入，报送的数据一定要准确无误，要与其他各单证严格相符，否则会影响核销单与报关单的返还速度。

思考与练习

1. 毛织服装包装的物料及类别有哪些？
2. 包装箱唛的书写规范及规格要求有哪些？
3. 包装运输跟单员的工作职责与注意事项有哪些？
4. 简述各种运输方式的优缺点。

参考文献

［1］孟家光. 羊毛织服装生产简明手册［M］. 北京：中国纺织出版社，2002.

［2］周建. 羊毛织服装生产工艺与设计［M］. 北京：中国纺织出版社，2017.

［3］赵东明. 外贸跟单实务［M］. 北京：对外经贸大学出版社，2012.

［4］倪武帆. 纺织服装外贸跟单［M］. 北京：中国纺织出版社，2008.

［5］李顺利. 针织服装跟单［M］. 北京：中国纺织出版社，2008.

［6］缪秋菊. 针织面料与服装［M］. 上海：东华大学出版社，2009.

［7］毛益挺. 服装企业理单跟单［M］. 北京：中国纺织出版社，2005.

［8］吴俊. 刘庆. 王东伟. 染整印花跟单［M］. 北京：中国纺织出版社，2005.

［9］刘秀琴. 羊毛织服装加工原理与实践上、下册［M］. 北京：中国纺织出版社，2004.

［10］扬荣贤. 横机羊毛织服装生产工艺设计［M］. 北京：中国纺织出版社，2008.

附录

附录一 企业样板制造通知单（初板）

_____有限公司
HONGKONG SALES(KNITWEAR)LIMITED

样板制造通知单

样板厂名：WELL HONOUR GARMENT LTD.（DONGGUAN RIGHT OPEN GARMENT KNITTED LTD.）　单号：KHHJ18-03071
板单总类：客户板　　　　　　　　　　　　　　　　　　　　　　　　　　　　　　板单类别：初板
发单日期：12/APR/2020　　　　更新日期：12/APR/2020　　　　　　　　　　款式编号：4-20-001603

客人简名：J. CREW GROUP INC.	款式简述： 女装圆领弯夹长袖开胸钉纽衫，全件织单边组织，全件印花，领贴及胸贴织密针带子贴缝上，袖嘴及衫脚织1×1单层，袖窿底平入1.5英寸，袖窿位留3支边收1/3高度明花，后膊留3支边收明花，领边留4支边收明花，前幅有两个暗口袋，袋贴织横纹密针带子贴，内袋织单边，门襟位钉5粒28号纽扣
客人款号：D406311	
主唛：J.CREW	
目的地：	衫身织法及条数：
季节：SP'21	下栏织法及条数：
针数：14针	领/夹/袖收花要求：
前次重量（及净重）：	毛纱品质：2/48NM 100%MERINO WOOL "XINAO IMAGE"（14针1条毛）
配料	最后成分：
	毛单号码：
合同号：	前次字码：　　　　　　（洗前）/　　　　　　　　（洗后）
大货数量：	前次织机时间：　　　　前次缝盘时间：
大货船期：	洗水手感要求：
剩余出货日数：	特别工序：
出板后填写	
织机机种：	样板字码：　　　　　　（洗前）/　　　　　　　　（洗后）
最大胸宽/织机宽度：	织机时间：　　　　　　缝盘时间：
其他：	做板用期及大货剩余日期：

续表

色号及颜色	S										TOTAL
WX3902VIOLET NAVY	2										2
WX4082TORTUGA NAVY VIOLET	4										4
											TOTAL　6

	规格说明（S码）	度量方法	尺寸（cm）S码			
1	身长	领边度	58.4			
2	肩宽	缝至缝度量	36.8			
3	前上胸宽	领边下11.4cm度量	33.0			
4	后上胸宽	夹下2.5cm度量	34.3			
5	胸　宽	底边度量	45.7			
6	下摆宽	1×1单	40.6			
7	下摆高	—	7.0			
8	袖长	后中三点度量	77.5			
9	肩斜	—	1.9			
10	袖山高	夹底对上垂直度量	14.6			
11	袖窿	缝至缝直度量	19.7			
12	袖宽	夹下2.54cm度量	14.6			
13	袖肘宽	夹下22.5cm度量	11.4			
14	袖嘴宽	从底量	8.3			
15	袖嘴高	1×1单	8.9			
16	领宽	左缝至右缝	20.3			
17	前领深	领水平位至第1粒纽扣中	26.7			
18	后领深	领水位平至领缝线	1.9			
19	领贴高/门襟宽	密针带仔贴缝上	2.9			
20	袋贴高	—	1.9			
21	袋贴宽	—	12.1			
22	袋布高	—	11.4			
23	袋位置	距离领边度量	39.4			
24	袋位置	距离前中度量	5.1			
主色	VIOLETNAVY WX3902	TORTUGA NAVY VIOLET WX4082				

续表

间色 A	IVORY衫身主色 米白色 NA6434	IVORY衫身主色 米白色 NA6434		
间色 B	纽扣颜色 #113	纽扣颜色 #113		

备注

1. 全件印花，印花交_____印花厂做。此款与KHHJ18–03044款毛料、针数、织法、服装廓形、款式、尺寸相同，只是印花图案不同，建议派给同一个师傅去做
2. 出板请报CMT价
3. 出板请钉主唛及缝脚唛。主唛 JCWL1453/1403
4. 加织织片4块
5. 调毛单号YO–232990/YS18–0976

跟单评语	师傅评语

交板日期： 19/APR/2020　　　　　　跟单：　　　　　　　　跟单：

附录二　企业样板制造通知单（影像板+化验板）

_____有限公司

HONGKONG SALES(KNITWEAR)LIMITED

（DRAFT ONLY）

样板制造通知单

样板厂名：WELL HONOUR GARMENT LTD.（DONGGUAN RIGHT OPEN GARMENT KNITTED LTD.）　　单号：KHHJ20–06360

板单总类：客户板　　　　　　　　　　　　　　　　　　　　　　　板单类别：影像板尾数+化验板

发单日期：11/JUN/2020　　　　　更新日期：09/AUG/2020　　　　款式编号：9-20-000158

客人简名： J. CREW GROUP INC.	款式简述：女装樽领弯夹长袖套头衫，全件织单边，领贴使用结字码织5×5双层，领边留3支边收明花，后肩/袖窿位2×2坑收明花，下摆/袖嘴织5×5单边，下摆侧缝有开衩，衭贴原身出4支密针（下摆直到袖窿底）	
客人款号： K4563		
主唛： J.CREW		
目的地： D400053	衫身织法及条数：	
季节： HO'20	下栏织法及条数：	
针数： 9针	领/袖窿/袖收花要求：	
前次重量（及净重）：	毛纱品质： 2/26NM100%CASHMERE″ CONSINE（16.5MIC）″ 2条毛	
配料	最后成分：	
	毛单号码：	
合同号：	前次字码： 　　　　（洗前）/ 　　　　　　（洗后）	
大货数量：	前次织机时间： 　　　　前次缝盘时间：	
大货船期：	洗水手感要求：	
剩余出货日数：	特别工序：	
出板后填写		

续表

织机机种：		样板字码：		（洗前）/		（洗后）
最大胸宽/织机宽度：		织机时间：		缝盘时间：		
其他：		做板用期及大货剩余日期：				

色号及颜色	XS	S	M	XL				TOTAL
SU2268 HTHR DUSK SU1663（25021）灰色	2	4	2	1				9
NA–6445 NATURAL	2	5	2					9
NA–6660 HTHR CAMEL 驼色	2	4	1					7
RD–5100 BRIGHT CERISE 红色	2	4	1					7

TOTAL 32

度量采用英寸（括号内尺寸），*请注意

	规格说明S	度量方法	XXS	XS	S	M	L	XL	XXL	XXXL
1	身长	领边度量	53.3cm（21）	54.6cm（21–1/2）	55.9cm（22）	57.2cm（22–1/2）	58.4cm（23）	59.7cm（23–1/2）	61cm（24）	62.2cm（24–1/2）
2	肩宽	缝线至缝线度量	42cm（16–1/2）	43.2（17）	44.5（17–1/2）	45.7（18）	47.3（18–5/8）	48.6（19–1/8）	49.2（19–3/8）	49.8（19–5/8）
3	肩斜		3.2cm（1–1/4）	3.2cm（1–1/4）	3.2cm（1–1/4）	3.2cm（1–1/4）	3.2cm（1–1/4）	3.2cm（1–1/4）	3.2cm（1–1/4）	3.2cm（1–1/4）
4	前上胸宽	领边下11.4cm量	39.4cm（15–1/2）	40.6cm（16）	41.9cm（16–1/2）	43.2cm（17）	44.8cm（17–5/8）	46cm（18–1/8）	46.7cm（18–3/8）	47.3cm（18–5/8）
5	后上胸宽	领边下11.4cm度量	40.6cm（16）	41.9cm（16–1/2）	43.2cm（17）	44.5cm（17–1/2）	46cm（18–1/8）	47.3cm（18–5/8）	47.9cm（18–7/8）	48.6cm（19–1/8）
6	胸宽	袖窿底向下2.54cm度量	43.8cm（17–1/4）	46.4cm（18–1/4）	48.9cm（19–1/4）	51.4cm（20–1/4）	55.2cm（21–3/4）	58.4cm（23）	61.6cm（24–1/4）	64.1cm（25–1/2）

续表

规格说明S	度量方法	XXS	XS	S	M	L	XL	XXL	XXXL
7 下摆宽	底度	43.8cm（17-1/4）	46.4cm（18-1/4）	48.9cm（19-1/4）	51.4cm（20-1/4）	55.2cm（21-3/4）	58.4cm（23）	61.6cm（24-1/4）	64.1cm（25-1/2）
8 侧缝开衩高		10.2cm（4）	10.2cm（4）	10.2cm（4）	10.2cm（4）	10.2cm（4）	10.2cm（4）	10.2cm（4）	10.2cm（4）
9 袖长	后中三点度	71.1cm（28）	73cm（28-3/4）	74.9cm（29-1/2）	76.8cm（30-1/4）	79.1cm（31-1/8）	80.7cm（31-7/8）	80.7cm（31-7/8）	80.7cm（31-7/8）
10 袖窿	缝线至缝线直度量	17.1cm（6-3/4）	18.4cm（7-1/4）	19.7cm（7-3/4）	21cm（8-1/4）	22.2cm（8-3/4）	23.5cm（9-1/4）	24.8cm（9-3/4）	26cm（10-1/2）
11 袖山高	袖窿底对上垂直度	8.9cm（3-1/2）	9.5cm（3-3/4）	10.2cm（4）	10.8cm（4-1/4）	11.4cm（4-1/2）	12.1cm（4-3/4）	12.7cm（5）	13.7cm（5-3/8）
12 袖宽	袖窿向下2.54度量	14cm（5-1/2）	15.2cm（6）	16.5cm（6-1/2）	17.8cm（7）	19.1cm（7-1/2）	20.3cm（8）	21.6cm（8-1/2）	22.9cm（9-1/4）
13 袖肘宽	袖窿底下23cm度量	13.3cm（5-1/4）	14.3cm（5-5/8）	15.2cm（6）	16.2cm（6-3/8）	17.1cm（6-3/4）	18.1cm（7-1/8）	19.1cm（7-1/2）	20.3cm（8）
14 袖嘴宽	底度	11.4cm（4-1/2）	12.1cm（4-3/4）	12.7cm（5）	13.3cm（5-1/4）	14cm（5-1/2）	14.6cm（5-3/4）	15.2cm（6）	15.6cm（6-1/8）
15 袖嘴高	5×5单	12.1cm（4-3/4）	12.1cm（4-3/4）	12.1cm（4-3/4）	12.1cm（4-3/4）	12.1cm（4-3/4）	12.1cm（4-3/4）	12.1cm（4-3/4）	12.1cm（4-3/4）
16 领宽	缝线至边缝线度量	21cm（8-1/4）	21.6cm（8-1/2）	21.6cm（8-1/2）	22.2cm（8-3/4）	22.2cm（8-3/4）	22.9cm（9）	22.9cm（9）	22.9cm（9）
17 前领深	领边水平位至缝线	5.1cm（2）	5.7cm（2-1/4）	5.7cm（2-1/4）	6.4cm（2-1/2）	6.4cm（2-1/2）	7cm（2-3/4）	7cm（2-3/4）	7cm（2-3/4）
18 后领深	领边水平位至缝线	2.54cm（1）	2.54cm（1）	2.54cm（1）	2.54cm（1）	2.54cm（1）	2.54cm（1）	2.54cm（1）	2.9cm（1-1/8）
19 领高	6×6双	8.3cm（3-1/4）	8.3cm（3-1/4）	8.3cm（3-1/4）	8.3cm（3-1/4）	8.3cm（3-1/4）	8.3cm（3-1/4）	8.3cm（3-1/4）	8.3cm（3-1/4）
20 领拉力									

续表

主色	VIOLET NAVY WX3902	TORTUGA NAVY VIOLET WX4082		
间色 A	IVORY衫身主色米白色 NA6434	IVORY衫身主色米白色 NA6434		
间色 B	纽扣颜色 #113	纽扣颜色 #113		

备 注
请钉J.CREW WS RETAIL黑色Cashmere主唛JCWL1600，位置为后领中缝线位 全件衫型、做法请跟批板 KHHJ18–04059/9–18–000158. 1．所有尺寸请完全按客户要求 2．有以下尺寸更新 **前长更改为 22″ **胸宽保持为 19 1/4″ **下摆保持为 19 1/4″ **袖隆高更改为 7 3/4″ **袖宽更改为5″ **领宽更改为 8 1/2″ **前领深更改为 2 1/4″ **后领深保持为 1″ **后领高度保持为 3 1/4″ **领缝位在后中缝合 3．领贴外层做5×5里面层做5×5过1×1 4．重量要求320g/pc

跟单评语	师傅评语

交板日期：18/JUL/2020

跟单：   跟单：

附录三　企业样板生产单

单号	CHHJ18–01483
数量	194 PCS

HONGKONG SALES(KNITWEAR)LIMITED

客户	J. CREW GROUP INC.		工厂名	ROYAL CHINESE LIMITED	
客号	K4643	款号	4-18-001973	针号	14
款式	女装圆领弯夹长袖套头衫，全件织单边A色，全件印花，领贴织1×1双（面A色，底B色），袖咀/衫脚织1×1 单A色，领边/夹位留5支边收明花，夹底平入1″收1/3高度明花，后膊留2支边收明花.		完成重量		4.87 LB/DOZ
原料	2/48 100% MERINO WOOL "XINAO—IMAGE" 14针 1条毛后领做 2/48NM 100% MERINO WOOL CASHFEEL 撞色				

续表

毛单编号				Y18-0549						
客户订单编号：			0230245（NORD）				主唛：J. CREW			
国家：USA			货期：30/SEP/2018			用毛重量：4.89 LB/DOZ 损耗（%）：12				
色号及颜色		XS	S	M	L	XL	XXL	XXXL		TOTAL
ST-9949 BLACK MULTI		26	55	53	31	17	6	6		194
										TOTAL 194

	规格说明S	度量方法（采用inch）	误差+	误差-	XS	S	M	L	XL	XXL	XXXL
1	身长	领边度	1/2	1/2	24	24-1/2	25	25-1/2	26	26-1/2	27
2	膊阔	缝至缝度	1/2	1/2	13	13-1/2	14	14-5/8	15-1/4	15-5/8	16
3	膊斜		1/4	1/4	1	1	1	1	1	1	1
4	前上胸阔	领边下4-1/2度	1/2	1/2	12	12-1/2	13	13-5/8	14-1/4	14-5/8	15
5	后上胸阔	领边下4-1/2度	1/2	1/2	12-1/2	13	13-1/2	14-1/8	14-3/4	15-1/8	15-1/2
6	胸阔	夹下1″度	1/2	1/2	16-1/4	17-1/4	18-1/4	19-3/4	21	22-1/4	23-1/2
7	衫脚阔	底度	1/2	1/2	14-1/2	15-1/2	16-1/2	18	19-1/4	20-1/2	21-3/4
8	衫脚高	1×1单			2-1/2	2-1/2	2-1/2	2-1/2	2-1/2	2-1/2	2-1/2
9	袖长	后中三点度	1/2	1/2	26-1/4	27	27-3/4	28-5/8	29-3/8	29-3/8	29-3/8
10	夹阔	缝至缝直度	1/2	1/2	7-1/4	7-3/4	8-1/4	8-3/4	9-1/4	9-3/4	10-1/2
11	袖山高	夹底对上垂直度	1/4	1/4	5-1/2	5-3/4	6	6-1/4	6-1/2	6-3/4	7-1/8
12	袖山阔	袖顶缝线下3-1/2度	1/4	1/4	4-1/4	4-1/2	4-3/4	5	5-1/4	5-1/2	5-7/8
13	袖阔	夹下1″度	1/4	1/4	5-1/4	5-3/4	6-1/4	6-3/4	7-1/4	7-3/4	8-1/2
14	袖肚阔	夹下7″度	1/4	1/4	4-3/8	4-3/4	5-1/8	5-1/2	5-7/8	6-1/4	6-3/4
15	袖嘴阔	底度	1/4	1/4	3	3-1/4	3-1/2	3-3/4	4	4-1/4	4-3/8
16	袖嘴高	1×1单			2	2	2	2	2	2	2
17	领阔	缝至缝	1/4	1/4	8-1/2	8-1/2	8-3/4	8-3/4	9	9	9
18	前领深	领边水平至缝	1/4	1/4	4-1/2	4-1/2	4-3/4	4-3/4	5	5	5
19	后领深	领边水平至缝			1	1	1	1	1	1	1
20	领贴高	1×1双（面A色，底B色）			1-1/8	1-1/8	1-1/8	1-1/8	1-1/8	1-1/8	1-1/8
21	领拉力				24	24	24	24	24	24	24

主色 / 色号	BLACK MULTI（ST-9949）			
A	IVORY衫身主色（米白色）（NA-6434）			
B	BLACK领贴内层撞色（黑色）（BK-0001）			

备注

请钉J.CREW WS RETAIL黑色JCWL1453/1403主唛，位置为后领中缝线位

全件印花（格仔图案），拆夹侧骨和夹底，交伊时印花，此花网号是：57697D

后领撞色缝线为A色白色

客户已批印花，6/7印花原片锁牌已给伟展，大货请跟此印花

全件衫形、做法请跟KHHJ18-03756客人已批板，评语如下：

请做准客人所有尺寸

（1）后上胸阔-5/8″，请做准客人要求尺寸13″

（2）袖肘阔-1/2″，请做准客人要求尺寸4-3/4″

（3）后领深+1/4″，请做准客人要求尺寸1″

（4）领贴高-1/8″，请做准客人要求尺寸1-1/8″

收单后请安排做PP+SHADE BAND SAMPLE（DARK/MED/LIGHT深中浅各3件）大货缸差板9件+齐码板，影相板和化验板另开办单KHHJ18-05356

跟单员：	发单日期：

附录四　毛织服装各部位名称专业用语、广东方言及英文对照表

专业用语	广东方言	英语
胸围	胸围	Chest（Bust）width
胸宽	胸阔（夹下1英寸测量）	Chestwidth（1″ Below armhole）
身长	衫长	Body length
肩宽	膊阔（左肩缝至右肩缝）	Shoulder width（seam to seam）

续表

专业用语	广东方言	英语
肩斜	膊斜	Shoulder drop
腰高	腰长	Waist length
腰宽	腰阔	Wais width
底摆罗纹高	脚高	Bottom rib length
低摆罗纹宽	脚阔	Bottom rib width
袖窿	夹阔	Armhole
袖长（平袖）	袖长（由挂肩缝外端量到袖口边）	Sleeve length（from shoulder）
袖长（插肩袖）	袖长（由后领中量到袖口边）	Sleeve length（from C. B）
袖宽	袖阔	Muscle（1" below armhole）
袖肘宽	袖肚阔	Elbow（Forearm）
袖口宽	袖嘴阔（袖口边测量）	Sleevecuff width
袖口罗纹高	袖嘴高	Sleevecuff heigh
前领深	领深（领边至缝）	Front neck drop（seam to seam）
领罗纹高	领贴阔	Neck teim width
衣领长	领条长	Neck length
后领宽	后领宽（领下口至领外口）	Back neck width（seam to seam）
后领深	后领深（后领窝线中至上平线）	Back neck drop（HPS to seam）
门襟宽	胸贴宽	Placket width
门襟长	胸贴长	Pocket length
袖山顶平位宽	袖尾阔	Cap sleeve width
口袋长	袋高	Pocket length
口袋宽	袋阔	Pocket width
袋口长	袋贴长	Pocket babd length
袋口宽	袋贴阔	Pocket band width
帽宽	帽阔	Hood width
帽口宽	帽贴宽	Hood band width
帽口高	帽口高	Hood round length
腰带宽	腰带阔	Belt width
腰带长	腰带长	Belt length
（罗纹）宽	（罗纹）高	Clamping rib width

附录五　毛织服装纱线与辅料专业用语和英文对照表

专业用语	英语	专业用语	英语
羊绒	Cashmere	吊牌	Hang tag
山羊绒	Cashmere	套结	Barrack
蒙古羊绒	Mongolian	唛头	Label
羊驼毛	Alpaca	棉纱	Cotton
驼绒、骆驼毛	Camel	精纺棉	Pima Cotton
骆驼毛、驼绒毛	Camel hair	苎麻	Ramie
雪兰毛	Shetland	纯棉	Conbed cotton
马海毛	Mohair	丝棉	Merltildsuool
安哥拉羔羊毛	Kid mohair	精梳棉	Fullyconhed Cotton
莫代尔纤维	Modal	强捻棉	High twist cotton
黏胶丝（人造丝）	Rayon	丝光棉	Mercerized Cotton
聚丙烯腈、人造丝	Polyacrylonitrile（Acrylic）	澳洲精纺毛	Botany worsted
涤纶（聚酯纤维）	Polyester	柞蚕丝	Tussah silk
腈纶（聚丙烯腈纤维）	Acrylic	亚麻	Linen
氨纶（拉架）	Lycra	开司米羊绒	Kashmir（Cashmere）
棉纶、尼龙、聚酰胺	Nylon	雪花纱	Cloud yam
70%兔、30%羊仔毛	70%Angora30%Larbswool	山羊毛	Goat hair
安哥拉兔毛	Angoreen	胶袋	Poly bag
安哥拉精纺毛纱	Angora layette	超细羊毛	Extrafine wool
纽扣	Button	羊毛	Wollen Yarn
镀金纽扣	Gilt button	拉链	Slide fasteer（zipper）
包布纽扣	Fabric covered–button	隐形拉链	Lnvisible
包皮纽扣	Leathernub	双面拉链	Reversible zipper
羊仔毛	Lambs wool	开尾拉链	Separating zipper
抽带	Drawstring	粗齿拉链	Hesvy weight zipper
包装（拷贝纸）	Tissue Paper	工字纽	Tack button
衣架	Hanger	贴纸	Sticker
松紧带	Elastic	孔眼	Eyelet holes
线	Line	罗纹	Ribbing
洗水唛	Washing Lable	主唛	Necklabel

专业用语	英语	专业用语	英语
胶夹、别针	Clip	织带	Braid
条码贴纸	Tape sticker	尺码唛	Size label

附录六　毛织服装生产工艺专业用语、广东方言、英文对照

专业用语	广东方言	英语
针	支	Needle
根	条	Of
缝	骨（缝骨）	Seam
平针（正面）	单边正面	Plain knit
平针（反面）	单边反面	Reverse knit
正面和反面各一针	1坑	Rib
工艺计算	吓数计算	Technical （Knitting formula）
生产工艺单	吓数纸	Technical sheet
弯纱三角调节	字码	Number of stitches
空转	圆筒（元全）	Tubular
减针（减幅）	收针	Narrowing
加针（扩幅）	放针	Widening
收针（移针）	收花	Fashion
套针	套针	Bind off
成型	成形	Shaping
锁边	拷针（吐）	Cover stitch
暗加针	勾耳仔	Split loop filling in
明加针	明加针	Fully fashion
前针板针翻到后针板	面针过底	Face to back
前针板针向左收针	面向左收针	Face left narrowing
前针板针向右收针	面向右收针	Face right narrowing
前针板针向左加针	面针左加针	Face left widening
前针板针向右加针	面针向右加针	Face right widening
前针板线圈向左移动	面针搬左、向左摇针	Face left racking
前针板线圈向右移动	面针搬右、向右摇针	Face right racking
前针板三针收为一针	面针三支拼成一支	Face three stiches in one
针板上织针位置的安排	针机板对配位置	Needle gating
织针密度	字码松紧	Knitting tightness

续表

专业用语	广东方言	英语
行	一横列	Horizontal
转（来回两行）	一专	Turn traverse
测量	度	Measurement
漏针	漏针	Drop needle
编织、成圈	编织	Knit

附录七　纺织品检验标准机构对照表

代码	名称
GB（Guobiao）	中华人民共和国国家标准
AATCC（American Association of Textile Chemists and Colorists）	美国纺织化学家和染色家协会
ASTM（American Society for Testing and Materials）	美国测试和材料学会
JSA/JIS（Japanese Standards Associaation/Japanese Industrial Standard Committee）	日本规格协会/日本工业标准调查会
ISO（International Organization for Standardization）	国际标准化组织
DIN（Deutsches Institut fur Nor-mung）	德国工业标准
BSI（British Standards Institution）	英国标准学会
IWS（International Wool Secretariat）	国际羊毛局
AS（Australia Standard）	澳大利亚标准
AFNOR（Association Francaise de Normalisation）	法国标准化协会
CPSC（Consumer Product Safety Commission）	美国消费品安全委员会
ANSI（American National Standarda Institute）	美国标准学会
SATRA（Shoeand AlliedTrades Research Association）	鞋类和联合贸易研究协会